El jardín de las figuras

de las

figuras

A LA
ORILLA
DEL VIENTO

Primera edición en inglés,   1984
Primera edición en español, 2004
    Cuarta reimpresión,   2017

Howker, Janni
    El jardín de las figuras / Janni Howker; trad. de María Vinós ; ilus.
de Tania Janco. — México : FCE, 2004
    141 p. : ilus. ; 19 × 15 cm — (Colec. A la Orilla del Viento)
    Título original: Badger on the Barge: Jakey, The Topiary Garden
    ISBN 978-968-16-7061-0

    1. Literatura infantil I. Vinós, María, tr. II. Janco, Tania, il. III. Ser.
IV. t.

LC PZ7 .H845   Dewey 808.068 H858j

Distribución mundial

© 1984, Janni Howker
Publicado por Julia MacRae Books, filial de Walker Books, Londres
Título original: *Badger on the Barge: Jakey, The Topiary Garden*

© 2004, Tania Janco, ilustraciones

D. R. © 2004, Fondo de Cultura Económica
Carretera Picacho-Ajusco, 227; 14738 Ciudad de México
www.fondodeculturaeconomica.com
Comentarios: librosparaninos@fondodeculturaeconomica.com
Tel.: (55)5449-1871

Editores: Daniel Goldin y Andrea Fuentes
Diseño: Francisco Ibarra Meza
Dirección artística: Mauricio Gómez Morin

ISBN 978-968-16-7061-0

Impreso en México • *Printed in Mexico*

El jardín de las figuras

JANNI HOWKER

ilustrado por
TANIA JANCO

traducción
MARÍA VINÓS

FONDO
DE CULTURA
ECONÓMICA

Jakey

Para mi papá

◆ LA NIEBLA entró con la marea. En la otra orilla del río, las gaviotas que se arremolinaban sobre el basurero municipal empezaron a alejarse una a una y en pares, graznando y gritando. Río arriba, donde comenzaba el pueblo, la larga chimenea del aserradero y el castillo de la colina temblaron y desaparecieron al alcanzarlos la niebla. Y más lejos, sobre el mar de noviembre, el sol empezó a ocultarse.

Steven estaba sentado en la valla, con las manos arropadas en las mangas y la mirada clavada en la marisma fantasmal. No podía irse todavía. Tenía que esperar a que el *Rose* apareciera tras la curva del río, a escuchar el pulso de su motor. Se estaba haciendo tarde. Si Jakey no entraba con la marea, tendría que quedarse en mar abierto toda la noche.

El silencio reinaba en el río. La marisma estaba gris y plácida, sin otro sonido que el rítmico golpetear de las olas al entrar la marea en los arroyos lodosos.

Esperando a la barca, Steven se sentía solo. Podía oír el silencio a sus espaldas, entre los árboles del bosque. Lo escuchó hasta oír su murmullo oscuro entre las ramas negras y húmedas, y empezó a sentir miedo.

¿Y si el *Rose* se había perdido en el mar? ¿Y si Jakey no podía encontrar la ruta de regreso en la niebla? La oscuridad se acercaba, y pronto envolvería todo a su alrededor. Él se quedaría solo en este silencioso lugar de marismas, agua y árboles invernales.

Empezó a tener la molesta sensación de que alguien lo miraba. Volvió la mirada hacia el río, y sintió que el esqueleto le daba un salto dentro de la piel: en la penumbra se recortaba una silueta pequeña, inmóvil y acechante. Con dos cabezas.

Steven se quedó helado, sin despegar los ojos de la silueta. Una de las cabezas se deslizó por el hombro hasta el suelo, y Steven se dio cuenta de que se trataba de un muchacho cargando un saco, y que el saco al hombro era lo que parecía una segunda cabeza. Aun así, Steven no estaba seguro de que fuera real. Un extraño en la niebla no es lo mismo que cualquier otra persona. Esperó a que el extraño avanzara río abajo o que volviera hacia los alisos desgarbados y la hierba alta de la orilla, pero al igual que él, el muchacho parecía esperar algo.

Entonces se escucharon dos sonidos en el aire quieto, ambos tan lejanos y quedos que apenas se podía decir que fueran sonidos. El primero era un silbido suave, y el otro el débil martilleo de un motor. El ruido del motor se hizo más fuerte, y Steven apartó la vista del extraño para buscar la barca. La invocó con los ojos, como si al mirar y escuchar pudiera hacerla aparecer, como si los hechos sucedieran en

9

alguna parte de su interior y no en la curva del río. Cuando volvió a mirar hacia el extraño éste había desaparecido, como un fantasma.

Ahora el *Rose* se acercaba. Steven se desencaramó de la valla, las rodillas y los codos entumecidos por la espera, y corrió hacia la orilla, gritando y agitando los brazos para asegurarse de que el viejo Jakey lo viera. El motor del *Rose* se apagó y la barca se deslizó silenciosa hasta el atracadero. Entonces el viejo Jakey salió de la caseta del timonel con una vara larga y enganchó la boya que escurría fuera del agua. No fue hasta ese momento que el viejo alzó la mano para saludarlo.

Steven le devolvió el saludo. Miró río abajo, al lugar en el que había estado el extraño muchacho, o el fantasma.

El viejo remó hacia la orilla en la lancha, y Steven caminó chapoteando para alcanzarlo. Jakey soltó un remo y sujetó firmemente del hombro a Steven para sacarlo del agua y meterlo en la pequeña lancha.

—¿Qué pues? —dijo el viejo.

—Hola, Jakey.

—¡Espesa como nata, caray! —exclamó, señalando la niebla con la barbilla.

Cuando ambos estuvieron a salvo a bordo del *Rose*, en la caseta iluminada del timonel, Steven puso a calentar la tetera.

—Creo que me voy a echar un sueñito —dijo Jakey.

Se sentó en su silla, en el rincón de la caseta, y empezó a roncar.

El *Rose* olía a aceite y humo de pipa, a sangre de pescado y costales viejos. Era el olor que Jakey llevaba consigo, aun cuando estaba en tierra firme. Mientras esperaba a que la tetera hirviera en la *primus*, Steven miró hacia el río y la noche. Sintió el suave vaivén de la barca y escuchó el "ssloc, ssloc" de las olas contra sus costados de madera.

—¿Qué pescaste? —preguntó Steven cuando Jakey abrió los ojos.

Jakey sorbió su té y sacó la pipa de su hondo bolsillo.

—Na'a —hizo un ruido como si escupiera—. La muerte es lo que voy a pescar uno de estos días —dijo, y se quedó mirando las tablas de madera aceitosa entre sus enormes botas.

Steven se imaginó la muerte de Jakey, nadando gris y gigantesca en las aguas oscuras y profundas de la bahía tras el *Rose*, como un tiburón. Sintió un escalofrío.

El viejo encendió su pipa y exhaló una nube de humo blanco y tibio.

—Soy un viejo tonto, chico. No hay nada que pescar a estas alturas del año, y sin embargo salgo una vez más, una vez más. Puede que sea mi última vez, eso es lo que me digo. Pero no creas que eso hace que los lenguados salgan del lodo con lágrimas en los ojos —miró a Steven para ver si lo entendía.

Steven asintió lentamente. Trató de pensar en algo que pudiera alegrar al viejo. Recordó al extraño que había visto a orillas del río.

—Vi un fantasma, Jakey. ¡Un fantasma con dos cabezas!

El viejo Jakey lo miró largamente. Sus ojos eran de un azul lechoso entre las arrugas de su cara. Steven no podía sostenerle la mirada. Se encogió de hombros.

—Me dio un buen susto. Creo que era sólo un muchacho con un saco. Pero parecía un fantasma.

Jakey torció la boca y hurgó la cazoleta de la pipa con el pulgar.

—Seguramente era Marret. Sí, Marret de regreso para el invierno, con un saco de rabos para su hurón.

—¿Rabos?

—Ratas, chico —dijo Jakey—. Rabos quiere decir ratas, muchacho.

—¿Quién es Marret? —preguntó Steven.

—Marret es Marret, y es un buen amigo mío.

Steven miró a través de la ventana de la caseta. No quería que Jakey tuviera otro amigo. No creía que Marret le fuera a caer bien.

El viejo Jakey lo miró con los ojos entornados y succionó los labios. Apuntó hacia Steven con la boquilla de la pipa, como si fuera a decirle algo, pero pareció cambiar de opinión y regresó la pipa a sus labios.

—Más vale que nos apuremos —dijo Jakey—. Tu tía Lil te echará de menos.

—Claro que no —respondió Steven, y era verdad.

Ordenaron la caseta y dejaron todo recogido, pero no charlaron como de costumbre. La idea de que Jakey fuera amigo de alguien más había dejado a Steven callado, pero pensaba que había dicho algo que había molestado al viejo. O quizás era sólo que el viejo estaba cansado y hastiado de no haber pescado nada, y podía sentir su muerte fría nadando río arriba desde la profunda bahía salobre.

—¿Estará aquí mañana, Mr. Jakeman? —preguntó Steven cuando se encontraron de regreso en el banco del río y la lancha quedó anclada en el lodo. Pensó que más le valía utilizar el nombre formal del viejo, por si las dudas.

—Sí, pero no voy a salir. Hay más en la niebla que la pura marea. Y por su aspecto, parece que se quedará con nosotros uno o dos días más.

Caminaron juntos por el bosque de Freeman, unas veces Jakey delante y otras Steven. El sendero apenas tenía suficiente lugar para una persona. Ahora estaba oscuro, y la niebla formaba remolinos como agua en el haz de luz de la linterna del viejo.

—¿De qué vas a vivir, Jakey, si no hay pesca? ¿Cómo vas a pasar el invierno?

Habían salido del bosque detrás del aserradero, donde sólo los separaban de la calle terrenos baldíos.

—¡Con pan duro y mi pensión! —exclamó Jakey, y soltó dos carcajadas como graznidos de ganso—. Anda, chico, vete a casa. ¡*Tarra*!

—No es mi casa —dijo Steven por lo bajo—. Es casa de mi tía Lil.

Y pateó una piedra. No quería irse.

—Eh, ya lo sé, ya lo sé —dijo el viejo Jakey suavemente—, pero de cualquier forma, más vale que no la preocupes con tu tardanza.

—Nos vemos mañana, Jakey.

—*Ajá* —dijo el viejo—, *Tarra*.

—¿Eres tú, Steven? —gritó la tía Lil por encima del ruido del radio.

—No, no soy —contestó Steven para sí mismo.

Se quitó las botas de hule de una patada, sin sacar las manos de los bolsillos. Las botas salpicaron lodo en la pared. Entró a la cocina con los calcetines mojados colgándole de los pies y dejando huellas húmedas en el suelo.

La tía Lil sonrió y se limpió las manos en un trapo de cocina.

—¿Dónde has estado, cariño?

—Con mi amigo —contestó, y al recordar lo que Jakey había dicho sobre Marret, torció el gesto.

—¿Así que te encontraste un buen amigo? Me da gusto, cariño.

La tía Lil se agachó para desabotonarle la chaqueta, como si tuviera cinco años. Avergonzado, Steven la alejó.

El tío Bill miró por encima de su periódico.

—Se refiere a ese viejo tonto, Charlie Jakeman.

Steven decidió que odiaba al tío Bill más que a nadie en el mundo, aparte de Marret.

Se sentó a la mesa. La tía Lil puso un plato de sándwiches cortados en triangulitos frente a él, una bolsa de papitas y una botella de refresco color rojo. De postre había pastel con merengue rosa. Todo parecía comida de fiesta. Los primeros días después de que lo mandaron a casa de la tía Lil, a Steven le había parecido chistoso que cada noche sirviera comida de fiesta para la cena. Ahora le parecía triste. La tía Lil no sabía nada de niños. Nunca sabía qué decirle, a veces se ponía a hablarle como si fuera un bebé y otras le ponía una sonrisa idiota.

A veces, cuando Steven estaba arriba, la oía llorar, y oía al tío Bill hablarle enojado y con palabras cortantes. El tío Bill sonaba como un perro ladrando, como un perro fiero y antipático.

—¿Cuándo me puedo ir a casa? —preguntó.

—No empieces con eso otra vez, Stevie. Sé buen chico. Sabes que te puedes ir en cuanto tu mamá se sienta mejor.

—Shane Cook dice que mi papá está en el bote.

La tía Lil tomó el trapo de cocina que acababa de colgar y lo apretó entre sus manos blancas.

—¡Pues le dices a ese tal Shane Como-se-llame que vaya y se lave la boca con jabón! Tu papá está en Alemania, Steven, bien que lo sabes.

El tío Bill suspiró. Dobló ruidosamente su periódico y salió sin despedirse de ellos. Oyeron el portazo de la puerta principal.

La mano de la tía Lil trepó hasta su mejilla pálida, como si la hubieran abofeteado. Vio que Steven la miraba y puso otra vez su sonrisa vacía. Lo animó a comer.

—¿Qué hiciste hoy en la escuela? —preguntó.

—Nada —lo cual era verdad. Era verdad porque no había ido a la escuela, aunque se suponía que tenía que ir. Se había pasado el día escondido en la marisma.

—Algo tienes que haber hecho, Steven.

—No.

—Tómate tu refresco —añadió ella.

—No lo quiero. Me da asco —Steven escuchó su propia voz, que sonaba rencorosa y grosera. Se acordó de sus modales. A veces la tía Lil le daba lástima—. Gracias, tía Lillian —se corrigió—, me cae mal al estómago.

—¡Qué lindo! —dijo la tía Lil con una voz rara. Y añadió.

—¿Qué vamos a hacer contigo...?

Después de la cena, Steven se quedó junto a la ventana, con la cara apoyada sobre el cristal frío. Había cerrado las cortinas a su espalda, de modo que estaba en una pequeña carpa, oscura y silenciosa. Su aliento empañaba el vidrio. Trazó su nombre con el dedo en la niebla que formaba su aliento. En la calle, la verdadera niebla, la niebla de la marisma salobre, hacía que la luz y la gente parecieran sumergidas en el mar. Presionó la boca contra el cristal frío. Pensó en Marret, y en Jakey y la muerte que podía pescar. De alguna forma sabía que esas dos cosas estaban conectadas, que estaban envueltas junto con él mismo en la niebla. Pero no lo entendía, y no sabía porqué. Se preguntaba si su mamá lo entendería.

Dibujó una cara en el vidrio con el dedo. Era sólo un círculo con dos puntos y una raya por boca, pero en su mente era la cara de su mamá. La miró, y sintió que la garganta le dolía como duele cuando estás a punto de llorar. No lloró, sino que borró la cara con un ademán.

—Mira lo que te trajo tu tío Bill —dijo la voz de la tía Lil a sus espaldas dentro de la habitación.

Se había sentido invisible tras las cortinas, pero la tía había visto sus piernas. La miró a través de los pliegues suaves y privados de las cortinas. La tía le extendía un cómic.

—Eso no lo compró el tío Bill, lo compraste tú —le dijo—. Yo te vi.

Se volvió de nuevo a la ventana y apretó la cortina alrededor de sus hombros. Era mentira, no la había visto comprar la revista. Pero también era la verdad: el tío Bill nunca le hubiera comprado una

revista. La tía Lil la había comprado porque quería que a Steven le cayera mejor el tío. Pero Steven sabía que al tío Bill no le gustaba que él estuviera allí.

—¿Qué comiste a mediodía? —preguntó la tía Lil después de un breve silencio.

Estaba planchando, y el olor caliente y almidonado de las camisas le raspaba la garganta.

—¡Pan duro! —exclamó. Las cortinas amortiguaron su risa.

—¿Pan duro? —repitió la tía Lil, y mientras miraba la figura que abultaba las cortinas, la plancha hizo un agujero en el pañuelito que estaba planchando.

—Pan duro —dijo Steven—. ¡Estaba delicioso!

—¡Qué barbaridad! Nunca me lo hubiera imaginado...

Esa noche soñó con la barca de Jakey. Su mamá estaba en el sueño. Ella y Jakey estaban navegando sobre las aguas oscuras, y él los miraba desde la orilla. Vio al viejo Jakey y a su mamá sonriendo y despidiéndose de él, agitando sus sombreros con la mano, entre gritos y risas, pero estaban demasiado lejos para oírlos. Luego vio la forma oscura que seguía a la barca. Una forma enorme, gris, como un tiburón que nadaba tras ellos, silencioso y secreto. Trató de advertirles del enorme pez gris que los seguía, pero su mamá y Jakey estaban demasiado lejos para escucharlo por encima del ruido del motor del *Rose*.

Sobre el agua negra venía la niebla, blanca como la sal. Sabía que el enorme pez gris que los seguía encontraría a Jakey en la niebla, y también a su mamá, y que nunca escucharían sus gritos. Entonces, en su sueño, el muchacho extraño salió de la niebla, del mar, con un saco en la espalda. Se detuvo frente a Steven y comenzó a abrir el saco para mostrarle lo que tenía en su interior, pero Steven se despertó con un grito y se sentó sobresaltado en la cama.

—¡ESPESA como nata! —dijo Steven.

—¿Qué?

—La niebla.

La tía Lil se volvió a mirarlo.

—¡Mira nada más con las que sales! Ahora andando. Vas a llegar tarde a la escuela.

Salió corriendo hacia la mañana blanca. Era más como nadar bajo el agua con los ojos abiertos que caminar. Miró por encima del hombro y no pudo distinguir la casa de la tía Lil del otro lado de la calle. Pasó corriendo frente a la escuela, frente al basurero y llegó al bosque de Freeman. Se detuvo entre los árboles fantasmales. A lo lejos, débiles y ensordecidos, se escuchaban los gritos del patio de la escuela. Su aliento formaba una nube en el aire blanco. En el arroyo la hierba seca era blanca como un hueso. Se arrodilló para observar más de cerca y vio la escarcha que cubría cada hoja y cada tallo, cada rama y cada piedra. Echó su aliento sobre una ramita y la escarcha se derritió.

Lentamente, caminó entre los árboles hasta el río, dando tres pasos hacia adelante y uno hacia atrás. Tres adelante, uno atrás,

hasta que se mareó de tanto contar. No quería llegar a la barca antes que Jakey. Esperar lo hacía sentirse solo.

Un pájaro negro voló sobre los arbustos, grajeando como si lo estuviera regañando.

—Vamos a ver, joven Steven —dijo Jakey—, detén esto. Y le dio el cabo de una cuerda.

—Hola —dijo Steven—. ¿Para qué?

—Para hacer un tendido y colgar mis redes. Antes las colgaba de la cerca, hasta que estos canijos pusieron alambre de púas. Jakey terminó de atar un nudo. Luego tomó el cabo de Steven y lo ató a la valla.

—Ya está —dijo—. ¿No fuiste a la escuela?

—No.

—Así no llegarás a sabio —dijo Jakey, y se sentó en la valla, fumando su pipa.

Steven miró el lodo. La marea estaba baja. Algo faltaba.

—¿Dónde está la lancha?

—Marret fue a traerme mis redes y un rollo de cordel del *Rose*. Me va a arreglar mi silla.

—¿Marret? —dijo Steven— ¿Fue él solo?

Aguzó los ojos para mirar hacia la barca a través de la niebla. A veces Jakey lo dejaba remar la lancha, pero nunca lo hubiera dejado salir solo al río.

—*Ajá*.

Steven recargó su hombro en el tronco de un árbol y se mordió los labios. No se le había ocurrido que el muchacho extraño pudiera estar aquí. Quería a Jakey para él solo. Cogió una piedra y la lanzó al agua, tratando de hacer que botara en la superficie. Pero la piedra cayó con un suave "floc" en el lodo. Miró por el rabillo del ojo para ver si el viejo Jakey lo había visto, pero éste tenía la vista clavada ciegamente en el suelo escarchado.

—Espesa como nata —dijo Steven, para llenar el silencio.

—*Ajá* —asintió Jakey, y levantó la cabeza al llegar hasta ellos, desde el río, el sonido de remos golpeando el agua y rozando la madera. — ¡Oheee! —gritó con las manos ahuecadas alrededor de la boca, e hizo un guiño a Steven.

—¡Podría pasar de largo hasta el Mar de Irlanda!

Steven deseaba con toda su alma que Marret fuera a dar lo más lejos posible.

La punta de la lancha emergió de la niebla y se acercó a la orilla. El muchacho guardó los remos y dejó que la lancha se deslizara en el lodo. Desembarcó de un salto y enganchó la cadena, y luego alzó el bulto de la red sobre su cabeza para que no se arrastrara. Jakey se acercó a ayudarle.

Steven los observó, y sintió que algo en su pecho se apretaba como si fuera a romperse.

Marret y Jakey llevaron la red hasta la valla. Mientras Jakey la extendía, el muchacho extraño se quedó parado mirando a Steven. Tenía los ojos azules y el pelo tan negro como la escarcha derretida sobre la corteza. Tenía una mancha de lodo en la frente y su suéter gris estaba raído; algunos de los agujeros estaban remendados con estambre rojo y otros con verde. Sus pantalones negros tenían

23

hoyos en las rodillas y estaban salpicados de lodo. Era más alto que Steven. Lo miró y Steven no pudo sostenerle la mirada.

—Buenas —dijo Marret.

Tomó un rollo de cordel anaranjado de su bolsillo y se dio la vuelta. Regresó a la lancha y sacó la silla de Jakey, la que solía estar en la caseta del timonel. Steven nunca había notado que la silla tenía un agujero en el asiento de caña.

Jakey y Marret se sentaron espalda con espalda en la valla, uno remendando las redes y el otro la silla. Sus codos se mecían en armonía con las manos, anudando, torciendo y tejiendo. Steven, inquieto, pateaba trozos de madera hacia el lodo. No podía ver a las aves del río por culpa de la niebla. Lo único que podía ver era lo que estaba cerca de él, y lo que estaba cerca eran Jakey y Marret inclinados sobre sus remiendos. Su trabajo era como una cortina que los envolvía, y Steven estaba fuera de ella. Su trabajo era como un secreto mutuo que él no compartía.

Steven se plantó frente a Jakey y le preguntó:

—¿Por qué no me pediste a mí que te la arreglara?

—No sabía que podías remendar redes, chico.

—No —dijo Steven—, la silla.

—Tampoco sabía que podías arreglar sillas.

—Pues para empezar, yo no usaría cordel anaranjado.

—¿Qué usarías entonces? —preguntó Jakey sin levantar la vista.

Steven lo pensó un momento.

—Madera, para una silla de madera.

—El cordel es más rápido y resistente —dijo Jakey.

Steven hizo una mueca a los hombros del muchacho. Marret lo volteó a ver y estiró el brazo para tomar la navaja de Jakey. Cortó el cordel, y la silla quedó lista. Marret le dio la vuelta y se sentó en ella con los brazos cruzados sobre el respaldo. Se quedó mirando las manos de Jakey e ignoró a Steven.

Steven tomó la navaja sin pedir permiso, como lo había hecho Marret, y empezó a pelar virutas de madera del poste de la valla.

—¡Ey, Steven, la vas a desafilar! —dijo Jakey, y extendió la mano para que se la devolviera.

De nuevo, Steven caminó lentamente hasta la orilla del río, y fijó la vista en el agua gris, sintiéndose desgraciado. Cuando regresó, Marret y Jakey estaban hablando.

—¿Con quién estás, entonces? —preguntó Jakey.

—Con la abuela Lee —contestó Marret.

—¿Por qué rumbos anda tu viejo ahora?

Jakey deslizaba la red sobre sus manos, buscando agujeros.

—Lo levantaron, Jakey. A chirona.

—¿Qué es chirona? —preguntó Steven, acuclillado en la hierba fría a los pies del viejo.

—El bote —dijo Jakey.

—La condena —dijo Marret, y escupió como a veces lo hacía Jakey cuando no había pescado nada.

—Prisión, chico. Siempre tuvo una debilidad por los coches ajenos.

—No tuvo nada que ver con coches —dijo Marret—. Fue un cargamento de cobre y latón, no de fierro. Dicen que él lo robó, pero no es cierto.

—*Ajá*, bueno, chico, ésa es su versión, y no la va a cambiar. Es tu padre, y tú le crees. Que Dios le ayude.

Jakey cerró los ojos y se apretó el pecho con un puño. Marret y Steven lo miraron.

—¿Qué te pasa, Jakey? —preguntó Steven.

—Nada —dijo el viejo con los ojos cerrados. —Échale un ojo a mis redes, Marret. —Me voy a dormir una siestita de dos minutos —susurró.

Recostó la cabeza contra el poste de la valla, la pipa colgando entre sus dedos. Su cara era gris en la blancura de la niebla y la escarcha.

Marret deslizó la red entre sus dedos, pero sus ojos no dejaron por un momento el rostro de Jakey.

—¿Te sientes mal? —Steven tocó la manga fría de Jakey.

Marret le lanzó una mirada fulminante por despertar al viejo.

—No es nada, chico.

—Es tu corazón —dijo Marret—. Te llevo al *Rose* y preparo algo de comer, Jakey. Las redes ya están.

—Arriba, chico.

Jakey se apoyó en el hombro de Steven para levantarse, y el peso del viejo casi lo tira al suelo. Quería ayudarlo a subir a la lancha, pero Jakey lo rechazó suavemente.

—Anda, a la escuela, joven Steven. Hace mucho frío para estar aquí sentados.

Steven se quedó inmóvil, mirando cómo Marret subía la silla a la lancha. Jakey subió y Marret tomó los remos. Los jaló una, dos, tres veces, y su silueta empezó a difuminarse en la niebla. Jakey agitó una mano, y desaparecieron.

La niebla corrió una cortina de silencio sobre la lancha y el río, y Steven se encontró solo en la orilla. Decidió que no había nadie en el mundo a quien odiara tanto como a Marret, exceptuando al tío Bill.

—Yo podría haberle preparado algo de comer —dijo Steven—, y podría haber arreglado su silla.

Pero nadie lo escuchaba.

—¿Qué haces aquí? —dijo la tía Lil cuando lo vio— ¡Estás congelado! —le lanzó una mirada penetrante: ¿Has ido a la escuela, jovencito?

—Estoy harto —dijo Steven.

—Ya, ya pequeño. No llores. Prepararé una rica taza de té.

—¡No estoy llorando! —gritó Steven—. Estoy harto, y quiero irme a casa.

—Ven aquí, siéntate junto al fuego. Tengo unas galletitas de chocolate deliciosas. Pasaremos una tarde tranquila, tú y yo nada más. Y no le diremos a tu tío que no fuiste a la escuela. No hay necesidad de inquietarlo, ¿no crees?

—¿Qué, me daría con el cinturón?

—Tu tío no tiene la costumbre de golpear niñitos como tú, Steven.

—Sólo porque no los tiene a mano —murmuró Steven.

—Es la niebla, me imagino —dijo la tía Lil cuando volvió con el té—. Le baja los ánimos a cualquiera. Toma, bebe tu té.

—El papá de Marret está en el bote.

—No deberías hacer caso de los chismes.

—No es un chisme. Me lo dijo él mismo.

—Pues no te juntes con él, cariño. Gente como ésa siempre trae problemas.

—Eso es cierto —dijo Steven. Mojó su galleta de chocolate en el té caliente, y chupó el chocolate derretido.

Odio a Marret —dijo.

—No te preocupes —contestó la tía Lil—

.— Hay otros peces en el mar.

HABÍA FLORES en la ventana, blancas y delicadas. En la calle, la niebla era dorada. La tía Lil había dicho que la niebla no duraría hasta la hora de comer, pero esa tarde estaba más espesa que nunca. Decidió que Steven se quedara en casa.

—¡No lo consientas! —había dicho el tío Bill, camino al trabajo, pero ella se salió con la suya.

—Este niño no está bien, y no voy a permitir que se enferme.

—¿Puedo ir a ver a Jakey, tía Lil? —preguntó Steven cuando ella se arrodilló para fregar el suelo de la cocina.

—Pues... —respondió la tía Lil, exprimiendo el agua jabonosa de la jerga.

—Está enfermo. Del corazón. Y yo soy su único amigo.

—Pues...—repitió la tía Lil, y dejó una franja brillante y mojada en el suelo—. Bueno, está bien, ve. Pero fórrate bien.

Cuando se ponía las botas de hule, ella salió de la cocina con una lata redonda en la mano.

—Llévate esto, para el señor Jakeman.

—¿Qué es?

—Tarta de ciruela. La preparé para tu tío Bill, pero no la echará de menos si no se entera.

Steven le sonrió.

—Ya son dos nuestros secretos —dijo.

—Caray... —dijo la tía Lil con una pequeña carcajada—, tienes razón.

—Gracias, tía Lillian.

Ella se quedó parada en la puerta, y Steven agitó la mano para despedirse desde el otro lado de la calle. La vio alzar la suya a través de la niebla.

El frío le quemaba la cara. Llevaba la lata con cuidado. Para cuando llegó al río, los dedos le dolían de frío, y de traerlos cruzados deseando que Marret no estuviera hoy. Traía los dedos de ambas manos cruzados en su imploración.

—Buenas —dijo Marret, apareciendo de repente tras de un árbol.

Steven casi deja caer la lata. Estaba furioso de haberse dejado sorprender por Marret. Aquél se rió por lo bajo. Levantó su saco del suelo congelado y echó a andar delante de Steven, silbando suavemente entre dientes.

—¿Qué traes ahí? —preguntó Marret, a horcajadas sobre la valla y con los ojos en la lata de Steven.

—Es secreto —dijo Steven—. ¿Dónde está Jakey?

—Es secreto —dijo Marret, y saltó al otro lado de la valla.

Se alejó correteando por la orilla del río, más allá de la lancha, que estaba encadenada en el lodo. Eso indicaba que Jakey no podía estar a bordo del *Rose*.

Steven se quedó junto a la valla, con la mirada fija en la silueta de Marret que desaparecía en la niebla. El pecho le quemaba como hielo al verlo. La marea estaba en su punto más bajo y podía ver las flores de la escarcha en el lodo, blancas y delicadas. Débil y remoto en la distancia, le llegaba el silbido de Marret. Marret sabía dónde estaba Jakey.

—Idiota. Eres un cerdo idiota —murmuró Steven.

—Vamos a ver, joven Steven. A ver si eres tan duro. Échale una mano a este viejo —dijo Jakey a sus espaldas.

—¡Jakey!

El aliento de Jakey, jadeante, formó una nube blanca con el esfuerzo de pasar sobre la valla. Se sentó en el escalón y se limpió la barbilla con la manga.

—¡Eh, me he quedado desinflado!

—Es la niebla, Jakey. Le baja el ánimo a cualquiera —Steven estiró el brazo, ofreciendo la lata redonda—. Ten, es para ti.

Jakey abrió la lata con su pulgar.

—Válgame Dios. Qué atento, Steven. De verdad, muy atento —se llevó la lata a la cara y aspiró—. ¿Ciruela o manzana?

—Ciruela —dijo Steven.

—No he comido tarta de ciruela en años. La voy a disfrutar —dijo, y volvió a colocar la tapa.

—¿Vas a salir hoy?

—*Nop*, no con esta niebla.

Jakey rascó su pipa con la navaja y empezó a retacarla de tabaco. Dos cisnes pasaron volando muy cerca sobre la superficie del agua, sus cuellos paralelos. "Uuus, uuus" hacían sus alas enormes batiendo el aire blanco. Steven volvió la cabeza para mirarlos, y escuchó el grito. Era el grito más punzante y desesperado que había oído nunca. Los ojos se le llenaron de lágrimas y la piel se le erizó. Se agarró de la manga de Jakey. El gemido agudo parecía llegar hasta él de lejos y de cerca, de todos los rincones de la marisma.

—No te espantes —dijo Jakey, y le dio una palmada en el hombro.

Encendió su pipa y apagó la cerilla con un movimiento de la mano.

—¿Qué es, Jakey? —susurró Steven.

—No es más que Dientes, que ha atrapado un conejo.

—¿Quién es Dientes?

—El hurón de Marret. Y lo que oíste fueron las últimas palabras de mi cena.

Steven se quedó mirando a Jakey. El silencio parecía flotar como humo en la marisma.

—Eso es cruel —dijo por fin Steven.

Jakey sacudió la cabeza.

—Es natural. No es distinto de una red llena de lenguados o una cubeta de camarones.

—¡Pero ellos no gritan! —dijo Steven.

—¿Cómo sabes? —dijo Jakey—.

Tal vez sus gritos son demasiado suaves para nuestros oídos.

—¡Buaj! —dijo Steven.

Cerró los ojos y trató de ahuyentar el eco del grito de su cabeza. Estaban sentados en silencio, lado a lado. Steven podía escuchar la respiración de Jakey crujiendo en su pecho, y el silbido de su aliento al inhalar la pipa.

Marret regresó por la orilla del río. Sus botas rompían la hierba congelada y agrietaban el lodo helado. El conejo colgaba de su mano cabeza abajo. En la otra mano traía el saco, en el que se movía un bulto.

Cuando llegó a la valla Marret les sonrió. Sostuvo el conejo en alto para que Jakey lo examinara. Steven lo miró un momento y luego fijó sus ojos en el saco, porque no quería ver la sangre.

—¡Caray, es una buena pieza! —dijo Jakey—. De los mejorcitos que hay, diría yo. Te doy medio chelín por él, Marret.

—¡Medio! —exclamó Marret—. No me hagas reír. Dos chelines, y está regalado.

Steven sabía por el tono de sus voces que el regateo era un juego entre ellos.

—Uno, no más —dijo Jakey, y sacó una moneda de cinco centavos de su bolsillo.

—Es tuyo —dijo Marret, riendo.

Sacó un cabo de cordel de su bolsillo y amarró al conejo por las patas traseras para colgarlo del alambre de púas. Su cuerpo aún estaba suave y blando. Tenía el pelaje pardo y el interior de sus orejas era de un gris rosado. Steven quería tocarlo, pero no podía evitar mirar la garganta desgarrada. Aunque detestaba la imagen del conejo muerto, le gustaría haberlo cazado él mismo. Se lo habría regalado a Jakey sin pedirle ni un centavo.

—¡Asado de conejo y tarta de ciruela! Voy a comer como un verdadero rey —exclamó Jakey.

Marret se sentó en la hierba helada a los pies de Jakey, se metió una hoja de hierba en la boca y la dejó colgar de sus labios. Tenía el dorso de la mano manchado de sangre. El saco estaba entre sus botas, donde abultaba y se agitaba, emitiendo gemidos voraces al olor del conejo.

Jakey miró a los dos niños.

—Oye, muéstrale el hurón a Steven.

—Ya vas —dijo alegremente Marret.

Marret miró fijamente a Steven mientras empezaba a desatar el saco.

—Muerde.

Jakey se rió por lo bajo.

—No por nada se llama Dientes, ¿eh, Marret?

Una cabecita amarilla y afilada se asomó por la boca del saco. Parpadeó con sus ojos rosas y emitió un gemido husmeante. Las patitas rosas forcejeaban con el saco. Tenía el pelo amarillo como la miel, y la nariz rosada como una pastilla de jabón. Le guiñó los ojos a Steven e intentó sacar el resto del cuerpo del saco. Marret lo detuvo firmemente del pellejo del cuello. El hurón olisqueó, onduló el cuerpo y bostezó. Tenía una manchita roja en el hocico; sus dientes eran filosos y blancos, blancos como hueso y afilados como

agujas. Marret le susurró algo al animal, pero sin soltarlo. Dientes se lamió los dientes diminutos y agudos.

Sin pensarlo, Steven estiró la mano. El pelo del animal parecía muy suave.

La enorme mano de Jakey salió disparada y sujetó a Steven por la muñeca.

—¡Eh, alto allí, que te come vivo!

Soltó a Steven, y éste puso su mano en el bolsillo.

—Estos bichos no son sino dientes y panza —explicó Jakey—. Y la panza de éste está vacía.

—No, está llena —dijo Marret.

Metió la cabeza ondulante de Dientes de regreso al saco y tiró de la correa.

—Si tiene hambre, cuando lo sueltas en una madriguera se queda dentro y se come lo que encuentra. No lo harías salir nunca. Se tragaría lo que atrapara, y con la panza llena, se echaría a dormir.

Jakey asintió con la cabeza, pensativo. Encendió otro cerillo para su pipa.

—*Ajá*, la cuestión tiene su arte, qué duda cabe —y miró a Steven—. Este chico sabe todo lo que hay que saber de hurones, y lo que no sepa es porque no vale la pena.

Jakey sabía de peces y Marret de hurones. Steven miró al suelo. Él no sabía nada.

—Sí, de hurones y perros de pelea.

Marret sacudió la cabeza.

—Es a mi jefe al que le gustan los perros, no a mí. A él y al viejo Batey Smith.

Dos gaviotas salieron de la niebla, agitaron las alas una, dos veces, y se desvanecieron de nuevo en el aire salobre. El viejo las miró largo rato, sus pensamientos volando a la par hacia los cardúmenes y los bancos de arena y las aguas profundas de la bahía.

—¿Cuánto vas a que puedo tirar una piedra más lejos que tú? —dijo Steven mirando a Marret.

—¿Cuánto?

Steven se palpó los bolsillos y encontró una moneda de dos peniques.

Marret sonrió lentamente.

—Dos peniques contra mi chelín. Ya vas. El mejor tiro de tres.

Se levantó despacio y escupió en sus manos.

Steven sintió que el corazón se le iba a los pies. Vio a Marret y supo que iba a perder. Arrastrando los pies, lo siguió a la orilla del agua y recogió tres piedritas. Marret estuvo un rato escogiendo las suyas.

—Tú primero —dijo Steven.

El brazo de Marret tronó en el aire como un látigo. El tiro envió a la piedra recto hacia adelante, sobre el agua, hasta la mitad del río. Salpicó al sumergirse y las olas deshicieron los anillos en el agua. Steven lanzó su piedra. La lanzó alta, y cayó detrás de la de Marret. Marret sonrió, y empezó a silbar por lo bajo, entre dientes. Trueno, salpicón. Su segundo tiro fue más lejos que el primero.

Furioso, Steven soltó el suyo, jadeando al lanzarlo. Su piedra cayó más allá que la primera de Marret, y detrás de los anillos que formó la segunda.

—Casi —dijo Marret—, pero no. Gané yo.

—Claro que no, todavía no. Dijimos el mejor de tres. Tira tu último.

Marret se rió. Retrocedió tres pasos y corrió hacia adelante. Trueno, silbido, y la piedra pasó a través de la niebla rozando el agua, hasta caer silenciosa en el lodo de la otra orilla.

—Gané —dijo Marret.

Se metió las manos en los bolsillos y se dio la vuelta, sin esperar a ver el tiro de Steven.

Steven lanzó su brazo con toda su fuerza. La piedra salió volando de su mano. La empujó con toda su voluntad para llegar hasta el otro lado, los dientes clavados en el labio inferior. Salpicón. En el agua. Cerca de la orilla opuesta, pero no lo suficiente. Marret no se había vuelto a ver, y Jakey tenía la mirada clavada río abajo. Sintió que su corazón daba un redoble, se detenía y daba otro redoble. Apretó los puños.

—¡No, no ganaste! Gané yo.

—Venga acá esa moneda —dijo Marret, volviéndose—. Esos dos peniques son míos.

—Gané yo —dijo Steven, y su cara se sonrojó con la mentira—. Mi piedra cayó en el pasto. Me debes un chelín. ¡Gané, gané!

Ya lo había dicho, era demasiado tarde. No podía echarse para atrás. ¿Y si Jakey lo había visto, después de todo? Era tarde, demasiado tarde.

Marret regresó a la orilla del agua y sacó las manos de los bolsillos.

—Mentiroso —murmuró frente a la cara sonrojada de Steven. La palabra era una nube blanca entre ellos—. Mentiroso.

Steven alzó los puños, listo para defenderse de Marret. Pero Marret sólo lo miró con sus ojos azules, quietos, oscuros y hundidos en el fondo de sus cuencas.

—¡Te puedes quedar con tus sucios centavos! No necesito tu dinero.

Marret regresó hasta Jakey, y dejó a Steven solo en el lodo congelado de la orilla.

Steven vio la espalda del muchacho, la forma en que llevaba los hombros, tensos de coraje. Vio a Marret recoger su saco y despedirse de Jakey con un movimiento de la cabeza. El viejo levantó una mano, como para detenerlo, pero Marret se encogió de hombros, sacudió la cabeza y escupió en la hierba alta del arroyo. No se volvió atrás, ni miró de nuevo hacia ellos. Saltó sobre la valla y continuó a grandes zancadas a través de los árboles fantasmales, hasta que la niebla lo cubrió. Y el silencio en el que había desaparecido era lo peor que Steven había vivido nunca. Jakey se quedó encogido en la valla, en el aire helado, con una mano en el rostro. Steven no podía acercarse a él y contarle lo que había pasado. Había mentido. Había perdido. No podía mentirle al viejo y perderlo todo para siempre. Esto era peor que cuando su mamá le gritaba, peor que cuando su papá no llegó para su cumpleaños. El dolor de lo que había hecho era más frío que las piedras, más hondo que el agua salada de la bahía, y lo envolvía como la niebla.

Antes de que Jakey pudiera mirarlo, se echó a correr. Corrió y corrió, tropezando y resbalando, lejos del río. Las hojas heladas de hierba le azotaban las manos y crujían bajo sus botas. Corrió río arriba, atolondrado, por un camino que no conocía. Saltó sobre el muro caído, sobre los charcos congelados en el baldío del aserradero. En tierras perdidas entre la marisma y la calle. Perdido, buscó un camino. Pero lo único que podía ver en la niebla era lo que estaba cerca de él, y lo que estaba cerca era siempre lo mismo. Tabiques despedazados en el suelo, charcos congelados, estrellados y quebradizos como ventanas rotas, el aire blanco a veinte pasos de su cara y su propio aliento brumoso.

En su mente, veía a Marret alejándose, yéndose para siempre con su saco al hombro. Y a Jakey, encogido y gris, esperando pescar su muerte. Nada más. Nadie más.

Y de pronto estaba fuera, del otro lado de un callejón frente a la escuela. Amortiguados y débiles, aunque en realidad muy cercanos, le llegaban los gritos y risas de los niños en el patio. Todos los demás niños dentro, gritando, y él afuera, tratando de recuperar su aliento.

Una pelota pasó volando por encima de la reja de alambre y cayó en la calle. Pom-tap-tap-tap, cayó al arroyo. Steven echó a correr antes de que alguien saliera a recuperar la pelota. Sus botas chasqueaban contra el suelo, calle arriba. Cruzó. Los números de las casas salían a su encuentro de la niebla, hasta que llegó, por fin, al de la tía Lil. Se dejó caer en el escalón de la entrada y se quedó allí largo rato, quieto y frío como una piedra.

—Come tu comida, Steven —dijo la tía Lil por sexta vez desde que se había sentado a la mesa.

—Deja al chico en paz —contestó el tío Bill mientras ponía dos cucharadas de azúcar en su taza de té—. Tiene bastante estando las cosas como están.

AL DÍA SIGUIENTE la niebla había desaparecido, y Jakey también. El cielo era una enorme nube gris, y el viento amargo barría la basura a lo largo del asfalto negro. La niebla y la escarcha, Jakey y Marret: todos habían desaparecido, y no había señal alguna de que una vez hubieran existido. Sólo quedaban unos mechones de pelo de conejo, suaves y pardos, atrapados en las púas del alambre. El *Rose* se mecía solitario en donde estaba anclado, y la lancha estaba volcada de costado en el lodo.

Las gaviotas sobrevolaban el basurero, y la hierba se estremecía como agua turbia con el viento.

No había nada que hacer más que esperar, hasta que por fin Steven se dio cuenta de que esperar era inútil. Nadie iba a llegar. No sabía dónde vivía Jakey, y aunque Marret llegara, estaba seguro de que no le iba a querer dar la dirección.

Casi deseó haber ido a la escuela. Ahora no podía regresar, porque lo regañarían por llegar tarde.

El viento agitaba los espinos y era más frío que la escarcha. La marea creciente trajo consigo una brisa húmeda. Mojado y frío, Steven se dio la vuelta. Caminó lentamente entre los árboles,

43

camino arriba por el estrecho sendero en el bosque de Freeman. No había nadie que caminara frente a él, y nadie detrás. Metió las manos en las mangas para mantenerlas calientes, pero no sirvió de mucho. El viento atravesaba su chamarra y le encogía la espalda de frío.

No quería ir a la escuela, y no se atrevía a regresar a casa de la tía Lil. El único lugar en el que quería estar era en casa de su mamá, y ahora le parecía un lugar tan remoto y perdido en el tiempo que era difícil recordarlo. Más lejos aún estaba la navidad anterior, cuando su padre todavía estaba en casa. Trató de contar el tiempo que había pasado. En julio había llegado a casa de la tía Lil, y ahora era casi diciembre. Hacía seis meses que no veía a su mamá, y casi un año desde que había visto a su papá. Como si fueran cien. O un millón. Su casa le parecía increíblemente lejana. Pensar en ella era como tratar de pensar en la distancia entre las estrellas.z

Trató de silbar entre los dientes, como silbaba Marret. Pero el aire se le escapaba sin formar la suave música del aliento de aquel niño extraño. Intentó de nuevo. Entonces lo oyó: cerca de él, entre los árboles. Cuando se detuvo a escucharlo el silbido desapareció, y Steven pensó que lo había imaginado. De pronto lo oyó de nuevo, y de nuevo se detuvo, una y otra vez. Steven se había quedado inmóvil todo ese tiempo. Su corazón parecía un tambor que golpeaba sobre la música.

Tratando de hacer el menor ruido posible, se acercó por el banco negro del arroyo, entre las raíces de los árboles. El olor oscuro de la tierra y las hojas le llenaba la nariz y la boca. Entonces vio a Marret, agachado, silbando, en silencio: recogiendo ramas o picando la tierra con una vara.

Steven permaneció callado, escondido. Observando.

—Que tal —dijo Marret, sin volver la cabeza.

Steven sonrió y trepó rápidamente por el banco.

—Hola.

Sin mirarlo todavía, Marret dijo:

—Me debes dos peniques.

Steven buscó en sus bolsillos.

—Ten —dijo, extendiendo la mano—. Por favor.

Marret tomó la moneda. Siguió picando la tierra, levantando ramas y amontonándolas en un atado.

—¿Qué, no vas a la escuela? —preguntó finalmente Steven.

—No sirvo para eso —dijo Marret—. Ayúdame aquí, con la leña —e indicó un montón de ramas.

Steven obedeció.

—¿Dónde las quieres?

—Allá, junto a ese montón, bajo el espino.

—Yo tampoco sirvo para la escuela —dijo Steven al regresar.

—Sí que sirves. Lo dijo Jakey —Marret trazó una línea con la vara en la tierra negra—. ¿A ver, qué es esto?

—Una M, de Marret —dijo Steven.

El chico sonrió.

—Mhu de Marret. Jakey me enseñó eso. —Concentrándose, con la lengua entre los Dientes, Marret trazó otra forma. ¿Y esto, qué es?

—U, de uva.

—No, ¡es un caballo con una sola pata! —Marret se rió tanto que se tuvo que apoyar en el tronco de un árbol.

Steven también se rió un poco. Luego dijo:

—Mi papá también está en el bote, como el tuyo.

Marret dejó de reírse. Se acuclilló, y descansando las manos sobre la rama, miró a Steven largo rato con sus ojos hondos y oscuros.

—¿Dónde? —preguntó por fin.

—No sé. En Alemania, creo.

Marret le dio vueltas a esto.

—¿Queda cerca de Durham?

Steven se encogió de hombros.

—Está del otro lado del mar. Lejos. Más lejos que Manchester. ¡Hasta más lejos que la Isla de Wight!

Marret golpeó su rama varias veces contra el suelo, pensativo. Luego asintió. Steven pensó que, ahora que estaba con Marret, el viento le parecía menos frío, y allí bajo los árboles llovía menos.

Steven se agachó también, mirando a Marret. Marret era como grande: sabía cosas y su cara estaba tranquila, pero no dejaba de observarte.

—Si me ayudas, te devuelvo un penique —dijo Marret. Sacó el cordel de su bolsillo y lo extendió hacia Steven.

—¿Qué quieres que haga?

—Amarra la leña en haces, en atados, como aquellos de allá.

—Bueno.

—Eso, si sabes cómo hacer un buen nudo.

—Fácil. Jakey me enseñó —dijo Steven.

Marret extendió la otra mano. En ella había un pequeño cuchillo brillante.

—Corta el cordel, y luego me lo devuelves.

Steven pasó la mañana cortando cordel, haciendo atados y amarrándolos. Marret juntaba la leña, ramas lisas y cilíndricas que cortaba con el pie al mismo largo.

Marret se acercó y se arrodilló junto a Steven, mirándolo mientras ataba el último nudo.

—¿Para qué tantos palos? —preguntó Steven, mientras miraba los atados.

—Leña, para quemar. Es para mi abuela, la vende —recogió su cuchillo y limpió la hoja en la manga de su camisa—. Eso es todo. No puedo cargar más.

—¿Tu abuela tiene una tienda?

—¡No! —Marret se rió—. Le vende la leña a los riquillos.

—¿Qué es un riquillo?

—Tú eres un riquillo.

—Claro que no —dijo Steven, enojado.

Pero Marret sólo lo miró, con la cabeza ladeada y los ojos todavía muy hondos en sus cuencas.

—Aquí está el penique que te debo.

—*Ok*. Bueno, si yo soy un riquillo, ¿qué eres tú?

Marret no le contestó enseguida. Cuando lo hizo, hablo por lo bajo.

—Soy viajero. Y este lugar, este bosque donde estamos, es donde nací. Mi mamá vino a recoger leña, y la marea subió y no

pudo volver. Me tuvo aquí. Y cuatro días después, eso la mató. Se murió.

Steven escuchaba. Marret no parecía siquiera un niño. Era como Jakey. Su voz era como la de él, no vieja, pero llena de cosas extrañas y silenciosas. Cosas que venían de lejos, y de hace mucho tiempo. Y llevaba consigo un silencio, el mismo silencio al que sus ojos profundos parecían conducir.

—Yo nací en el hospital de Royal Preston, pero no recuerdo nada —dijo Steven.

Su mamá estaba ahora en el mismo hospital, todavía mal de la espalda. Al pensar en eso se acordó otra vez de Jakey.

—¿Dónde está Jakey?

—En cama —dijo Marret.

Empezó a formar con todos los atados uno grande que pudiera echarse a la espalda.

—¿Dónde vive?

—Es secreto.

—¡Anda, dime! —dijo Steven—, te doy un penique.

—¡Hecho! —dijo Marret—. Pero primero, ayúdame a subir esto.

Steven le ayudó a cargarse la leña en los hombros. Marret se acomodó el bulto hasta que la leña descansó en equilibrio sobre su espalda. En el suelo el atado había parecido demasiado grande para levantarlo, pero ahora, en los hombros de Marret parecía más ligero, porque sabía cómo cargarlo.

—Anda, dime.

—Primero dame el penique, riquillo.

Steven le pasó la moneda.

—Vive en una casa —dijo Marret, y echó a andar con su bulto.

—¡Oye, eso es trampa! ¡Dime! ¡Dijiste que me ibas a decir! —Steven corrió tras él, gritando, sintiéndose engañado. —¡Dime, o devuélveme el penique!

—Preguntaste, y te respondí —dijo Marret, y siguió andando— ..Ahora estamos a mano, hermano.

Marret caminaba por el estrecho sendero, y con su bulto lo abarcaba de lado a lado. Steven lo seguía, dando gritos y saltos. Quería golpearlo, pero el bulto era pesado, y tenía miedo de que Marret se cayera en el arroyo. Además, le tenía miedo a lo que pudiera salir detrás de esos ojos oscuros y ensoñados. Y era justo. Ayer, él había tratado de engañar a Marret con una mentira, y hoy Marret lo había engañado con una verdad a medias.

Dejó de gritar. Lo siguió en silencio y salieron a la lluvia.

Marret puso el atado de leña en la lancha y comenzó a desatarla.

—¡Oye, no te puedes llevar la lancha sin permiso de Jakey! —gritó Steven, agarrando la cuerda.

—¿Qué te hace pensar que no tengo permiso? Jakey y yo tenemos un arreglo. Ahora suéltala o te pego.

Steven soltó la cuerda. Observó a Marret empujar la lancha hacia el agua y sacar los remos.

—Si vengo mañana ¿me dirás dónde vive?

El muchacho asintió.

—Nunca se sabe. Puede que mañana esté aquí Jakey en persona.

—Pero si no está, ¿me dirás dónde vive?

—Puede que sí —dijo Marret.

Se alejó de la orilla remando, con su enorme montón de leña hirsuta en la panza de la lancha.

El tío Bill lo estaba esperando cuando llegó a casa.

—¿Dónde has estado?

—En la escuela —dijo Steven, y sintió que la mentira hacía arder su cara.

—Tómame el pelo, que no estoy tan calvo —dijo el tío Bill.

Tenía el periódico enrollado y apretado en el puño, y con él se daba golpecitos en la pierna.

—Bill... por favor —dijo la tía Lil.

—¡No! —gritó el tío Bill—. Lo dejas que se quede en casa un día, y este desagradecido se va de pinta al siguiente. ¡Se aprovecha de tu buen corazón! ¡En la escuela! No ha ido a la escuela en días, ¿verdad, jovencito?

Steven miraba el dibujo de la alfombra.

—¡Contéstame, muchacho! —dijo el tío Bill—. ¿Con qué vas a salir ahora?

—No es mi escuela —murmuró Steven—, y ésta tampoco es mi casa.

—Ajájá. Ya veo —dijo el tío Bill—. No somos suficientemente buenos para ti, jovencito. Tu tía Lil se rompe la cabeza cuidándote, y así le agradeces.

Steven se quedó donde estaba, junto a la puerta, mirando las flores moradas y rojas de la alfombra.

La tía Lil estaba junto a la mesa con un plato de sándwiches en

51

las manos. La tetera hervía en la cocina, llenando el cuarto de una niebla vaporosa.

—¿Y bien? Estoy esperando, y no tengo toda la tarde.

—Fui a ver a Jakey —murmuró Steven—, pero no llegó. Está en cama.

—¿De veras? Entonces supongo que el muchachito que Fred vio platicando con ese vagabundo no eras tú, ¿eh?

—¿Vagabundo? —preguntó la tía Lil.

—No metas tu cuchara, Lillian —espetó el tío Bill.

—¿Qué vagabundo? —preguntó Steven.

—¿Cómo que qué vagabundo? Óyete nada más. ¿Qué vagabundo? Sabes perfectamente de quién estoy hablando. Fred te vio con el gitanillo ese, junto al río, planeando quién sabe qué maldad. No voy a tolerar eso, ¿entiendes? Ya hay suficiente mala sangre en esta familia como para que entre más a mi casa. Y no viene precisamente del lado de tu tía Lil, ¿entiendes?

—¿Qué? —preguntó Steven.

—Bill, ya basta —dijo la tía Lil. Su voz era cortante y sorprendente. Hasta el tío Bill se volvió a mirarla.

—Está bien, está bien —dijo el tío Bill—. Pero escúchame: si no vas a la escuela mañana, vas a tener problemas muy serios. Muy, muy serios. ¿Me entiendes?

—Sí, tío Bill —respondió Steven.

—Todo eso está muy bien, Bill —dijo la tía Lil—, pero si Steven va a la escuela mañana, será el único. Mañana es sábado.

El tío Bill abrió la boca y la volvió a cerrar con un chasquido. Y por primera vez, Steven se dio cuenta de que la tía Lil estaba de su parte.

—Y ahora, Steven —dijo la tía Lil— siéntate a comer. Pero atiende a lo que te ha dicho tu tío. Tienes que ir a la escuela. Es la ley. Y en cuanto a los vagabundos, nuestro señor Jesús nació en un establo y pasó casi toda su vida en los caminos.

El tío Bill se quedó mirándola. Luego abrió su periódico y lo colocó frente a su cara.

—Marret nació en el bosque de Freeman —dijo Steven mientras la seguía a la cocina—, y su mamá se murió.

—¡Ay, cariño! —dijo la tía Lil—. Quién sabe si será cierto. Lo cierto es que tú debiste estar en la escuela.

—¿Me perdonas? —dijo Steven, pues se daba cuenta de que su tía estaba preocupada.

—¿Oíste eso, Bill? Steven pidió una disculpa —gritó Lil al tío desde la cocina.

—¡Ya era hora! —gruñó el tío desde su periódico.

—Allí vive Jakey —Marret apuntó con el dedo hacia un montón de escombros y tabiques rotos.

—No soy tonto —dijo Steven—. Eso es un viejo aserradero, no una casa.

—¡Es lo que es! —contestó Marret enojado—. Y allí vive Jakey, junto a la reja.

Marret echó a caminar rápidamente y pasó junto a los bulldozers

silenciosos. La mitad del viejo molino había sido derrumbada por sus dientes de acero, pero la otra mitad, ruinosa y maltrecha, aún estaba en pie. Dos perros husmeaban los escombros.

Marret tenía razón. Junto a la reja había una pequeña casita, construida contra la pared del viejo molino, pero la pared estaba ahora agrietada y medio derrumbada. Había un bulldozer estacionado junto a ella, con la pala llena de tabiques y concreto.

—¡Caray! —exclamó Steven—. ¿Y si también quieren demoler su casa?

—Eso es justamente lo que quieren hacer —dijo Marret—. Pero el viejo se niega a irse de aquí.

Llegaron a la puerta. La ventana estaba tapada con un trozo de cartón y unas tablas clavadas tapaban un hoyo en la puerta. No parecía que nadie pudiera vivir allí. No era para nada lo que Steven había imaginado. Sabía que Jakey vivía junto al río, y se había imaginado que tenía una casita justo en el banco, con un jardín y una reja de madera, y una gaviota parada en la chimenea.

Marret golpeó la puerta con el puño.

—¡Oye, Jakey, somos nosotros! —Marret empujó la puerta y dio unos pasos en la oscuridad.

—Vaya, vaya. Pero si son los jóvenes Steven y Marret. Pasen, muchachos, y cierren la puerta.

Jakey estaba sentado en una silla junto a la chimenea, con una manta en las piernas y otra envolviéndole los hombros. La chimenea estaba fría y negra y llena de ceniza gris. Cuando sus ojos se acostumbraron a la oscuridad, Steven vio que el cuarto estaba lleno de costales y redes y cajas. En un rincón había un remo roto, y de un gancho en el techo colgaba un quinqué. En la repisa de la chimenea había un estante con pipas, una pila de latas de tabaco y cuatro flotadores de vidrio que parecían canicas gigantes.

El cuarto olía a costales viejos, a sangre de pescado y a humo de pipa: era el olor de la caseta del timonel en el *Rose*, el olor de Jakey.

—Jálense una silla —dijo Jakey—, pero en la habitación no

había más sillas. Marret jaló una caja hacia la chimenea, y Steven volteó una cubeta al revés y se sentó sobre ella.

—Se apagó tu chimenea —dijo Marret.

—Lleva apagada toda la noche y todo el día, y este viejo tonto no encuentra las fuerzas para encenderla.

—Yo la enciendo —dijo Steven.

—Buen chico. Hay leña atrás, si es que los idiotas del municipio no la han usado en sus enormes fogatas. Llevan tres semanas sin hacer otra cosa que derrumbar y quemar; arman un alboroto y me llenan de humo la casa. Pero no han logrado que este viejo lobo abandone su madriguera, ¿eh Marret?

—Vamos —dijo Marret—, por falta de leña no quedará. Hay montones allá afuera. Préstame tu hacha, Jakey.

—Está junto a la puerta.

Marret alzó un costal, y Steven tomó el hacha. Salieron hacia los montones de escombro y lodo, donde había planchas de madera rotas en astillas tan largas como sus brazos. No tardaron en llenar el saco. Steven cortaba con el hacha las orillas de las planchas, y Marret las rompía en trozos más pequeños con sus botas. El rostro de Marret estaba sombrío y su entrecejo fruncido mientras trabajaba. Pero Steven balanceaba el peso del hacha tan alto como podía y la dejaba caer con una sonrisa. Era la primera vez que usaba un hacha de verdad. Le gustaba sentir su peso en ambas manos.

—¡Toma esto, y esto y esto! —gritaba Steven, hundiendo el hacha en la tierra con cada palabra.

—¡Ya cállate! —gritó Marret, enojado, bajo la lluvia de guijarros y trozos de tabique de Steven.

—¿Qué te pasa? —dijo Steven, sin cambiar de actitud y todavía lleno de la fuerza y el peso del hacha.

Pero Marret lo ignoró.

—Vamos. Hay que encender esa chimenea antes de que Jakey se muera de frío.

—Está bien. Pero ¿qué diablos te pasa? —preguntó Steven.

—Jakey nunca dejó —y rompió un trozo de madera con la bota— que la chimenea —rompió otro— se apagara —crujió la madera— el invierno pasado —y por fin se rompió.

Marret recogió los trozos de madera y miró a Steven. Y Steven se dio cuenta de que Marret no estaba provocándolo, sino hablando en serio, como su mamá cuando estaba enojada.

Llevaron el costal lleno de regreso a la casa de Jakey. Steven encendió el fuego y Marret preparó una tetera.

—Buenísimo —dijo el viejo, calentándose las manos en la taza de té.

Las llamas le iluminaban la cara y la llenaban de sombras profundas. Steven dejó que su peso cayera hacia atrás y observó al viejo. Las sombras formaban líneas alrededor de la boca de Jakey y a través de su frente. Se veía más flaco y más pequeño que hacía dos días. Ahora era Steven el que estaba serio y sombrío mientras miraba a su amigo y veía la vejez que lo iba adelgazando.

—¿Qué pues, Steven? ¿Qué has hecho? —dijo Jakey.

—Nada —contestó Steven —echó otro trozo de madera al fuego.

El costal ya estaba medio vacío—. Voy a cortar más leña, Jakey. Para que te dure.

—No te empeñes tanto, hijo —dijo Jakey—. Seguro que en la eternidad me espera más fuego del que necesito.

Marret se levantó de un salto.

—No digas tonterías —gritó, y tomando el hacha echó a correr afuera.

Steven estaba a punto de seguirlo, pero el viejo sacudió la cabeza.

—Déjalo solo. Cuéntame cómo van las cosas en el río, ¿eh? y pásame la pipa.

Mientras hablaban se escuchaban los golpes del hacha afuera, y el sonido era triste y solitario en el día quieto y frío.

—¿Qué se siente ser viejo? —preguntó Steven, mirando las llamas rojas.

—Aguanta y verás, chico —dijo el viejo—, aguanta...

Steven no se lo podía imaginar. Nunca se le había ocurrido que él, algún día, sería tan viejo como Jakey.

—Se levantó la niebla —dijo Steven—. Pensé que tal vez habrías salido en el *Rose*.

—¿A pescar mi muerte? —Jakey se rió por lo bajo, y luego se quedó callado—. Puede que salga, joven Steven, puede que sí.

La oscuridad crecía, pero ahora el cuarto de Jakey estaba calientito e iluminado por el fuego. Marret entró con dos costales llenos de leña, trozos grandes de madera que durarían más que las astillas. Tomaron otra taza de té y se terminaron la tarta de ciruela.

Después, Steven y Marret lavaron los platos y vaciaron la tetera. Jakey cerró los ojos y reposó la cabeza en el respaldo de la silla.

—Nos vemos mañana, Jakey —dijo Steven.

—Quizás —el viejo abrió los ojos y les sonrió—. Que Dios los bendiga a los dos. *Tarra*.

Caminaron en silencio sobre el terreno abrupto, con las sombras de los bulldozers agazapadas entre las ruinas. Steven estaba contento de ir con Marret, porque aunque no hablaban, sentía que compartían el silencio.

—Te espero en la valla mañana temprano —dijo Steven cuando llegaron al camino.

Marret asintió. Jaló un hilo de la manga raída de su suéter, como si no quisiera irse.

—Nunca he visto a Jakey tan mal —dijo suavemente—. Nos vemos mañana, riquillo, pero si no llegas, me voy sin ti.

—Puedo encontrar el camino yo solo, no tengas cuidado. Pero allí estaré. *Tarra*.

Steven corrió camino abajo y dejó a Marret entre los árboles.

La tía Lil había recibido una carta de su mamá.

—Escucha esto. Te pondrás feliz —y alzando la carta, leyó— "El doctor dice que puedo regresar a casa el martes. Dile a Steven que puede volver al viernes siguiente". ¿Qué te parece?

Steven no dijo nada. Pensó en su mamá, y luego pensó en Jakey y Marret. Todo el otoño no había deseado otra cosa que irse a casa, pero ahora ya no estaba tan seguro.

—¿Qué te pasa? ¿No estás contento?

—Sí, pero...

—¿Pero qué?

—Nada —dijo Steven.

—No entiendo nada —dijo la tía Lil—. Eres un bicho tan raro... pensé que te alegrarías.

—Sí, me alegro —dijo Steven.

—Pues vaya modo que tienes de mostrarlo —dijo la tía Lil.

El tío Bill sacó la cabeza del periódico para mirarlos.

—Deja al chico en paz. Primero te preocupas porque no está contento aquí y ahora porque no se quiere ir. En mi opinión, los dos son unos bichos raros —y por primera vez desde que Steven estaba con ellos, el tío Bill le sonrió.

Steven pensó que el tío Bill estaría contento cuando él se fuera. Le devolvió una mueca. Pero al parecer, el tío Bill no se dio por aludido.

—Escógeme un ganador para la de las tres y media —dijo—. Estrella luminosa, el Amiguito o Rosa Gálica.

Eran los nombres de los caballos en la carrera.

—Rosa —dijo Steven.

—Rosa... ¡sea pues! Juega veinte contra uno, está fuera.

—Va a ganar —dijo Steven.

—Basta, Bill. No metas al niño en cosas de apuestas.

El tío Bill sacó un lápiz de su bolsillo, lamió la punta y le guiñó un ojo a Steven.

Steven se sorprendió tanto que le devolvió el guiño, y el tío Bill se rio para sí mientras subrayaba el nombre en el periódico.

Mientras estaba en la cama, en la oscuridad, Steven pensaba en Jakey y en su mamá. Quería volver a casa, pero no quería dejar a su amigo en ese cuarto frío y pequeño, con los bulldozers rugiendo y aplastando todo a su alrededor. Pensó en el *Rose*, abandonado en la marea de invierno y en Marret con sus ojos oscuros y solitarios y su saco al hombro. Marret había visto algo en lo que Steven no se había fijado hasta entonces. La muerte de Jakey estaba nadando río arriba desde las profundas aguas oscuras de la bahía. Marret lo sabía, y Jakey lo sabía, y ahora él lo sabía también, allí en la soledad de su habitación. Era como la niebla, llegaba tan silenciosa, tan callada. Era como la marea que sube, de una vez y para siempre.

Marret tenía a Dientes y a su abuela Lee, y él tenía al tío Bill y a su mamá, pero Jakey no tenía a nadie más que a sí mismo. —"Y a nosotros",— dijo Steven en voz alta.

Salió de la cama y fue a la ventana. Entre las puntas de la chimenea y los tejados se veían las estrellas, brillantes, frías, blancas como la escarcha. Escarcha y niebla, un año y otro, mareas y remolinos deslizándose suavemente. La muerte de Jakey llegaba, y Steven no tenía miedo ya. Se metió a la cama y jaló la sábana sobre su hombro. Esa noche durmió sin soñar.

UNA GARZA se deslizó sobre el agua lodosa, cerró sus alas y se alzó sobre sus patas en el agua poco profunda. Steven se quedó junto a la valla, observando. Era temprano, pero el *Rose* se había ido. El río se veía ancho y vacío. La marea casi había terminado de bajar, y la lancha se mecía no lejos de la orilla, a la deriva.

—¡Me lleva el tren! —dijo Steven, pensando que Jakey había salido y se había llevado a Marret consigo.

Pero antes de ver a Marret acercarse entre la hierba alta y correr hacia el río en la otra orilla, supo que no era así. Jakey había salido a pescar la muerte, y les había dejado la lancha.

Marret saludó con la mano. Se metió al agua para alcanzar la lancha, la jaló hacia sí y remó hasta el otro lado. La garza levantó el vuelo, aleteando, rozando el agua salobre de la marisma con sus alas grises y lentas.

Marret sonreía.

—Jakey debe haber salido —dijo al bajar de la lancha.

—Sí —dijo Steven—. Se fue.

Miró a la garza planear y volverse en el sol invernal. Todo estaba quieto. Miró el lodo entre sus botas y vio una huella, llena de agua. Una huella grande, y otra más abajo, la medida de los pasos de Jakey. El doble de grandes que los suyos, desaparecían en la marea.

—Échame una mano —dijo Marret.

Steven amarró el cabo a la cadena mientras Marret levantaba el saco del fondo de la lancha.

Luego fue y se sentó en la valla. Había virutas de ceniza de la pipa de Jakey entre la hierba bajo el escalón. Eso era lo único que quedaba, las huellas que poco a poco se hundían, y cenizas frías. La mañana blanca.

Marret caminó hacia él con el saco al hombro.

—Si salió con la marea de la noche, regresará antes de la hora de comer.

—No —dijo Steven con un nudo en la garganta—, no creo que regrese.

—¡No digas tonterías! —dijo Marret. Dejó que el saco resbalara suavemente de su hombro. El bulto y las curvas de Dientes se adivinaban entre los pliegues—. Abre cancha.

Steven le hizo lugar en el escalón.

—Tengo pan y tocino. Me lo gané a fuerza bruta —dijo, y alzó la cara para mostrarle el moretón que tenía en la mejilla.

Steven vio el moretón. Quería que Marret se fuera. El *Rose* se había ido. La marea borraría las huellas de Jakey, pero ni el *Rose* ni Jakey iban a regresar.

Entre las botas de Marret el saco se sacudía y se agitaba. Marret se inclinó sobre él y murmuró algo suavemente, mientras desataba el cordón. Y en un momento Dientes estaba entre sus brazos y su regazo, deslizándose como agua, como una ola de espuma amarilla.

"Chit, chit", susurró Marret, acariciando el pelaje amarillo con los dedos, buscando el pellejo del cuello ondulante y escapadizo. El hurón mordisqueó la manga raída de su suéter. Marret inclinó su cara lastimada sobre el animal, pero sin soltarlo. Empezó a silbar una tonada remota, suave y quedo, y sólo las aves de la marisma le respondían.

—Marret —dijo Steven—, creo que Jakey se ha ido.

—¿Y tú qué sabes? —respondió Marret, enojado—. No sabes nada de nada, riquillo.

Con esto refundió a Dientes otra vez en el saco y echó a andar hacia la lancha, como si fuera a marcharse.

Pero Steven esperó a que regresara, porque sabía que regresaría. No tenía a dónde ir. La muerte de Jakey estaba en la blancura entera de la mañana, quieta y plácida como la hierba de la marisma, quieta como el río.

Quieta como el sueño, y paciente como el invierno. Jakey había salido por última vez, y el único dolor estaba en Marret, que se había quedado atrás. El dolor era como el suéter raído de Marret, lleno de hoyos que hacía falta remendar. Y Steven sabía que tener a Dientes no era lo mismo que tener una tía Lil o un tío Bill o una madre a la cual regresar. Marret era como Jakey. No tenía a nadie. Jakey era lo único que tenía, y ahora se había ido. Marret no quería creerlo.

Por fin Marret regresó a la valla. No estaba silbando, y no levantó los ojos del suelo.

—Vamos a esperarlo, a ver qué pasa —dijo Steven suavemente.

—No —Marret sacudió la cabeza. Cuando levantó el rostro, estaba enflaquecido y sus ojos oscuros eran como agua en la que es posible ahogarse.

—Mira —dijo Steven—, Jakey quería irse. No vino aquí nada más porque sí.

—Sí —dijo Marret.

Era como contar un cuento, un cuento especial: todas las palabras tenían que ser perfectas.

—Vino aquí en la noche, a propósito, para irse con la marea.

Se fumó una pipa, ¿ves? —Steven apuntó hacia las cenizas en el suelo—, y se sentó un rato. Tú le arreglaste su silla y sus redes, así que sabía que todo estaba bien.

Marret asintió. Sus ojos estaban hambrientos, llenos de agujeros que necesitaban remiendos.

—Luego subió la marea —Steven cerró los ojos para imaginárselo—, negra, bien negra, con estrellas. Y Jakey echaba humo con su pipa y su aliento.

—Sí —dijo Marret. Estaba sentado en el escalón junto a Steven, y tenía el saco en la rodilla—, te apuesto que tenía miedo de la oscuridad.

—¡Qué va! Sólo un poquito —dijo Steven—, pero tenía su linterna, y la podía prender si de veras le daba miedo.

—Sí.

—Jakey prendió su linterna y se guardó la pipa en el bolsillo —Steven sentía que la voz le lastimaba la garganta. Veía a Jakey, en la oscuridad, bajo las estrellas escarchadas. El *Rose*, negro en el río. Las olas oscuras en el lodo. Y el largo haz de luz brillando, brillando y temblando en su mano—. Luego se subió en la lancha.

—Y puso los remos en las cosas ésas —dijo Marret, apuntando con el dedo.

—Y se subió al *Rose*, y le dio un buen empujón a la lancha, para que no se moviera.

—Y se sentó en su silla.

—Y encendió el motor. En la oscuridad. Y eso fue todo...

—No —dijo Marret—. Jakey le dio aceite a la polea y cargó sus redes, y amontonó todas las cajas y puso la tetera. Y luego salió a dar la inspección, y sacó la boya del agua con su palo y desamarró el cabo, y luego se sentó en su silla y puso las manos en el timón, y salió al mar... y pensó en su casa y en el fuego que le encendimos... —Marret se quedó en silencio largo rato—. En el fuego que le encendimos.

—Y Jakey... —dijo Steven.

—Y Jakey —continuó Marret—, ¡no regresaría ni aunque le pagaran!

Estaban tan callados que la garza regresó. Estaban tan callados que podían oír al río deslizarse mientras la marea subía. Dientes dormía en el saco, tibio en la rodilla de Marret.

—Me quedo —dijo Marret—, si tú te quedas.

Estaba oscureciendo.

—Yo también me quedo, pero me van a pegar.

—A mí también —dijo Marret.

—Vamos a casa de Jakey.

—Vamos.

A Steven las manos le dolían de frío. La mañana blanca de invierno se había convertido en una tarde silenciada por la niebla. Ahora la marea había henchido de nuevo al río.

Pasaron con prisa por los escombros, las ruinas y los enormes bulldozers hasta la casa de Jakey. Marret empujó la puerta. Adentro, como un fantasma, flotaba el olor de Jakey: humo de pipa, costales viejos y sangre de pescado.

Marret se detuvo frente a la silla vacía de Jakey.

—Me imagino que ahora sí van a demoler su casa.

70

—Sí —dijo Steven.

Jakey se había ido, el *Rose* se había ido, y ahora la pequeña casa fría también se iría.

—Nos tenemos que ir la próxima semana. Los tipos del municipio dicen que no nos podemos quedar —Marret pasó la mano por el

respaldo de la silla—. No le dije nada de eso a Jakey. —Marret paseó su mirada por el cuarto.

—Yo me voy el próximo viernes —dijo Steven—. Yo tampoco le dije a Jakey.

—Agarra esto —Marret le pasó a Steven las pipas de Jakey que estaban en la repisa—, y esto —le pasó la taza del viejo.

—¡No te las puedes llevar! —exclamó Steven.

—No me las estoy robando, pero tampoco las voy a dejar para los tipos del municipio. Las llevaremos al río. Para Jakey.

Marret simplemente le pasó el hacha del rincón.

—Vamos, riquillo. ¡Vamos, vámonos de aquí! —gritó Marret, recogiendo el saco con Dientes dentro.

Luego salió corriendo, sus bolsillos y su suéter abultados con la taza y las pipas, las latas y los flotadores de vidrio, y, columpiándose de su mano, el quinqué.

Steven corrió tras él, cargando el hacha pesada, y con miedo de tropezar y caer sobre ella. Siguieron corriendo en el atardecer y la niebla, sobre los tabiques rotos y los túmulos abruptos, a través del bosque de Freeman, hasta la valla, sin aliento.

Marret dejó a Dientes sobre la valla. Bajó hasta el lodo y jaló la lancha a la orilla. Steven lo siguió. La marea había cubierto las huellas de Jakey, las había borrado.

Marret puso las latas y la taza en el asiento de madera de la lancha. Tomó el hacha de las manos de Steven y la colocó de pie, en la proa. Estaba casi oscuro, gris oscuro, y las gaviotas volaban en círculos y luego se alejaban una a una o en pares, graznando y

gritando. Los alisos en la orilla opuesta del río parecían fantasmas en la niebla.

Marret tomó el paquete de pan envuelto en periódico de su manga, y las hebras de tabaco. También los puso en la lancha.

—Ten —dijo Steven, buscó en sus bolsillos el penique, y Marret lo puso en el asiento junto a la lámpara.

Steven se quedó de pie, mirando, mientras Marret desamarraba el cabo. Marret estaba tan quieto y gris como la garza. De pronto, lanzó la cuerda al interior de la lancha y le dio un empujón hacia la corriente, y chapoteó tras ella para empujarla más adentro. Se quedó con el agua helada a las rodillas mientras la marea, volviéndose, la hacía girar. La lancha avanzó de lado con la corriente.

Steven la alentó con la mente para que girara, para que enfrentara al mar y siguiera al *Rose* como había hecho hasta ahora. Poco a poco, la resaca la atrapó y la hizo dar una vuelta entera, luego la enderezó, y se fue, a la deriva, con el hacha en la proa y la proa hacia el mar. Marret chapoteó de regreso y se detuvo al lado de Steven. Juntos vieron a la lancha desaparecer en la niebla hacia las aguas oscuras de la bahía.

La muerte de Jakey estaba en el aire salobre y en la niebla. Estaba en los gritos de las gaviotas y en el incansable silbar de aves de la marisma. Y estaba también en la calma que se había adueñado de ellos.

Marret miró a Steven, pero no dijo nada. Sus ojos oscuros seguían hundidos en la profundidad. Steven le sostuvo la mirada.

Jakey se había ido, y ahora era su turno.

Vio a Marret alzar el saco de la valla. Marret agitó la mano una vez y caminó río arriba hacia el puente lejano. Caminó hacia la niebla, con el saco al hombro, y lo último que Steven oyó de él fue su silbido, suave y remoto, débil y sin embargo cercano en la quieta noche de invierno. ◆

El jardín de las figuras

Para Hannah

◆ LIZ GRITÓ.

—¡No es justo, no es justo! —y echó a correr.

Salió del campamento y siguió corriendo por el camino.

Las sombras de los árboles pintaban rayas, y entre ellas pasaban los tejados y las chimeneas de Carlton Hall. En la punta de la torre, el sol, un disco luminoso, brillaba como una veleta. El pecho le dolía de coraje y los ojos le ardían como si los tuviera llenos de jabón.

Finalmente, no pudo correr más. El camino era demasiado empinado. Se dejó caer en el pasto junto al muro de piedra y se quedó acurrucada allí, con el cuaderno de dibujo apretado entre las manos. Papá no debió reírse, debió haber castigado a Alan. No debió reírse.

Podía oírlo llamándola, buscándola, al pie de la colina. Los cuervos volaban en círculos alrededor de las chimeneas de la mansión. Una alondra descendió del cielo tibio de la tarde como el fantasma de un paracaidista. Papá dejó de llamarla, y Liz se vio envuelta en silencio.

Se talló los ojos ardientes hasta ver chispas, pero estaba demasiado enojada para llorar. La brisa del atardecer susurró en las copas de los árboles y las sombras de las hojas se agitaron. Las chispas se desvanecieron de sus ojos y Liz sacó su cuaderno. En la parte interior de la tapa, con hermosas letras negras, la profesora Metcalf había escrito PARA ELIZABETH JACKSON POR SU EXCELENTE DESEMPEÑO EN DIBUJO. Pero en la primera página en blanco, Alan había pintado con plumón rojo la figura tosca de una mujer desnuda, estilo graffiti: sólo el cuerpo, sin cabeza ni brazos ni piernas.

Debajo, había garabateado: *Desnudo, de Alan Miguel Ángel Jackson.*

Alan era su hermano mayor. El cuadernito, con sus tapas verdes y elegante papel blanco, era la primera cosa que Liz había ganado en su vida. Sintió que los ojos le ardían de nuevo, y arrancó la página del cuaderno, la arrugó y la metió hasta el fondo de una grieta en el muro de piedra. Luego, con más cuidado, trató de desprender los bordes de la página, para lo cual arrancó también la última página y la hizo bola. No iba a permitir que le arruinaran su premio.

Pero de alguna forma Liz sabía que estaba arruinado, aunque las hojas estuvieran limpias. Y sabía que si no dibujaba algo ahora, en ese mismo momento, nunca volvería a usar el cuaderno. Estaría arruinado para siempre, por lo que Alan había hecho, y porque papá se había reído.

Sacó el lápiz nuevo del bolsillo trasero y con líneas rápidas y furiosas dibujó una figura corriendo. Abajo escribió: *Ella se fue lejos, muy lejos, y nunca volvió.* En el cielo, sobre la figura corriendo, dibujó tres pájaros negros, los cuervos que veía regresar lentamente hacia los árboles. Parte de su furia estaba ahora en el papel, y ahora era menos la que todavía estaba dentro de ella.

De nuevo la brisa agitó las copas de los abedules. El sol se había escondido detrás de la torre de Carlton Hall, y el cielo estaba atravesado por franjas moradas y rojas.

Liz se guardó el cuaderno en el bolsillo trasero de sus jeans y echó a andar rápidamente, lejos de las hojas arruinadas en el muro y lejos también del campamento. Pero sabía que tendría que regresar, tarde o temprano.

Sólo la figura en su cuaderno podía seguir corriendo, lejos, lejos, más allá de las colinas.

Estaba oscureciendo, y la luna pálida, como la concha blanca de un caracol, subía lentamente por el cielo. Liz se detuvo en el lugar en que una reja abría el sendero a los campos. Recargándose en el poste de la reja, contempló el valle. Las primeras luces parpadeaban en el campamento. Estaba esperando a que papá la llamara de nuevo, para poder fingir que no lo escuchaba.

La extraña sensación de poder ver tan lejos disipó otro tanto de su enojo. En casa, en Mill Street, lo único que se alcanzaba a ver era la tienda y las casas del lado opuesto. Aquí, los páramos distantes humeaban y se oscurecían en el horizonte. Un murciélago revoloteó bajo las ramas de los árboles tejiendo una red invisible. Las sombras empezaron a cerrarse sobre el sendero, hasta que dejaron de ser sombras y se convirtieron en una oscuridad azulada. El resplandor de la luna se hizo más intenso.

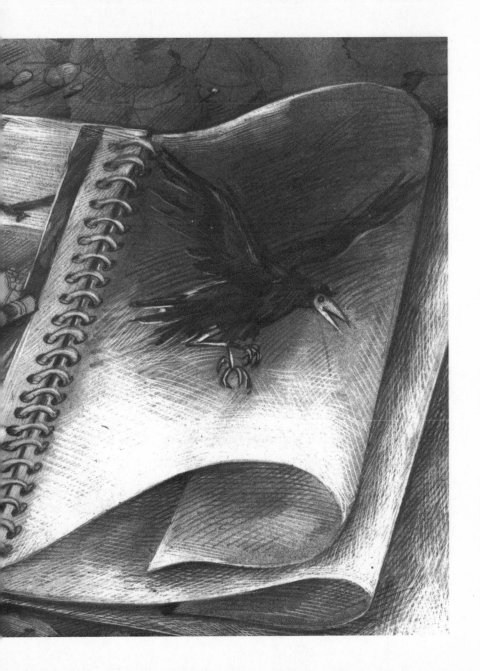

Liz vio la mancha blanca de la cola de un conejo saltando entre la hierba mojada de rocío y contuvo el aliento para mirarlo. La quietud del campo era como un sonido lejano.

De pronto, el conejo salió disparado, trazando un zig-zag hasta el refugio del muro, y Liz respingó. Un instante después escuchó el crujido de pasos en el sendero empedrado.

Una silueta apareció del otro lado de la pendiente, apoyándose en un bastón. Tenía la luna sobre el hombro encorvado.

Liz se sintió de pronto muy lejos del campamento. Se quedó inmóvil.

—Buenas tardes, muchacha.

El aire silencioso le trajo la voz de una anciana.

—Hola —respondió Liz, aliviada, cuando la anciana llegó junto a ella.

—Rojo de noche —dijo la mujer, apuntando con la barbilla hacia las últimas franjas de luz rosada detrás de Carlton Hall.

Liz se le quedó mirando. La figura que estaba detenida en el sendero oscuro parecía más bien un hombre viejo, enjuto, encogido y apoyado en su bastón, porque vestía un largo abrigo marrón atado en la cintura con un cordel, un par de botas de hule negras y en la cabeza, una gorra de tela, como las que usaban los viejos de Mill Street.

—¿Perdón? —preguntó Liz educadamente.

—Rojo de noche, de día derroche. Mañana será un día precioso.

—Ah —dijo Liz—. Mi papá estará contento. Mañana son las pruebas.

—¿Viniste a las pruebas?

—Sí. Mi papá va a correr.

Liz emparejó su paso con el de la extraña. Caminar con alguien más bajo las ramas oscuras y susurrantes de los árboles sería mejor que caminar sola.

—¿Usted vive aquí? —preguntó Liz un momento después, porque le pareció que era muy grosero caminar junto a alguien y no decir nada.

La viejita caminaba muy despacio, con la nariz apuntando hacia el suelo y los delgados hombros encogidos hasta las orejas.

—*Ajá*, por allí abajo. En la cabaña del Tejo. Frente al jardín de las figuras —su voz era quebradiza—. Me llamo Sally Beck.

—Yo soy Liz —dijo Liz.

Caminaron en silencio un rato, sólo con el sonido de sus zapatos machucando suavemente las piedras, y el golpeteo del bastón de Sally Beck.

Liz sabía que debería estar apurándose a regresar al campamento. Papá seguramente estaba preocupado. "¡Bien que se lo merece!", pensó Liz.

—¿Y qué tal es eso de ser joven en estos tiempos? —preguntó de pronto la anciana, volviéndose a mirarla desde la sombra de su gorra.

—No sé —contestó sorprendida Liz—. ¡Nunca he sido otra cosa!

Sally Beck se rió suavemente y dio un golpecito extra en el piso con su bastón. Su abrigo susurraba al rozar con el hule de las botas cuando caminaba. Y el sonido era como el de su risa.

—Sólo que... —añadió Liz, pensativa— a veces me gustaría ser niño.

Sally Beck se detuvo, y otra vez la luna, azul, radiante y casi llena parecía estar sobre su hombro.

—¿De veras? Eso es curioso. Yo fui un chico, ¿sabes? Hace mucho tiempo. Sí, un chico.

—¡Un chico! —exclamó Liz, mirándola.

—¡Liz, Lizzy! —Su papá venía hacia ellas corriendo por el sendero—. ¿Dónde demonios te habías metido?

—Ven a la cabaña del Tejo y te contaré —dijo Sally Beck—, si quieres saber.

Se metió en una brecha del muro y desapareció entre los árboles. Liz se quedó mirándola hasta que su silueta se desvaneció en la oscuridad.

—Vaya, allí estás —exclamó su papá—. Fue sólo una broma, Liz. No fue con mala intención.

—¿Qué? —respondió Liz.

—Alan debe estar a medio camino del páramo de Carlton, buscándote. No era su intención molestarte tanto.

La voz de papá sonaba fuerte en la quietud del lugar.

—¡Pequeña bobita! Podrías haberte perdido —dijo, y le pasó un brazo por los hombros.

Liz recordó su enojo y se sacudió el brazo. Caminó muy tensa delante de él hasta llegar al campamento.

—Papá —gritó Alan, corriendo hacia ellos a través del campo—. ¡No la encuentro por ningún lado!

—Aquí está —contestó su papá—. Ahora pídele disculpas.

—Perdóname, Liz.

—¡Púdrete! —murmuró Liz, mientras su papá iba al otro lado del remolque a encender la llave del gas.

—¡Ya, fue sólo una broma!

Alan era cuatro años mayor que Liz, y demasiado grande para pegarle.

—No muy graciosa, por cierto —dijo papá mientras abría el toldo.

—¡Tú te reíste! —gritó Liz.

—Eso no quiere decir que me haya parecido graciosa —mintió—. Ahora párenle, los dos. No arruinen el fin de semana.

El remolque olía a lona húmeda y al humo y aceite de la moto de papá, que había guardado bajo el toldo por seguridad. Alan iba a dormir al lado de la moto para asegurarse de que nadie se la robara o la estropeara, porque las pruebas de la carrera de Carlton Hall comenzaban mañana, y el premio, si papá ganaba, era de cien libras.

Liz se dejó caer en su estrecho catre, y la lámpara de gas dejó escapar un silbido cuando papá la encendió. La luz dentro del remolque hizo que la oscuridad afuera se hiciera de repente más negra.

—Vamos, Lizzie, pon la tetera —dijo papá.

—No —replicó Liz.

—Mira nomás lo que has hecho, Alan. ¡Nos has privado de nuestra cocinera! ¡Ya podemos despedirnos de las tortitas de tocino este fin de semana! —papá se rió y puso la tetera al fuego él mismo.

—Oye, Liz —dijo Alan, y su chamarra de cuero crujió mientras se la quitaba—. ¿Te contó papá? El domingo en la noche habrá una velada de disfraces.

Alan sonreía y trataba de hacer las paces.

Liz se encogió de hombros.

—¿De qué te vas a disfrazar? —preguntó papá mientras cazaba tazas en la alacena.

—No sé —contestó Alan—. Tal vez nosotros podríamos ir del Gordo y el Flaco, si a Liz no se le ocurre otra cosa.

—Es una buena idea —dijo papá—. Y Liz podría ir de... —repiqueteó los dedos sobre la mesa, tratando de pensar en algo— ¡Ya sé! Liz puede ir de artista. Podrías ponerte una de mis camisas, con los botones para atrás, y la bufanda de Alan te serviría de corbata de moño. Te podríamos hacer una barbita puntiaguda y un bigote de cartón, y una de esas cosas... una paleta.

—Sí, te verías muy bien —añadió Alan.

El entusiasmo de su padre y su hermano le daba a Liz un poco de asco. Volvió a sentir chispas en los ojos. —¡No todos los artistas son hombres! —espetó.

—Claro que sí —dijo Alan—. Picasso, Miguel Ángel, ehm... Leonardo da Vinci. ¿Qué artista mujer conoces?

Estaba de pie frente a ella, muy seguro de sí mismo y enojado porque ella no había aceptado su tregua.

Liz abrió la boca y la volvió a cerrar. Estaba segura de que había mujeres artistas, pero no recordaba ni un solo nombre. La boca de Alan se torció en un gesto triunfante.

—¡Sally Beck! —gritó Liz. Era mentira. Era el primer nombre que le había venido a la cabeza, el nombre de la anciana que había conocido esa tarde.

Alan la miró, sospechoso.

—Nunca he oído de ella.

—Yo sí —dijo papá, apresurado, mientras servía el té. No sabía nada de arte ni artistas; sólo trataba de mantener la paz—. Es muy famosa, ¿verdad, Liz?

Liz sonrió.

—Muy, muy famosa —dijo.

Alan se encogió de hombros.

—De cualquier modo, creo que la idea de papá es buena.

—Vamos, a la cama con ustedes dos —terminó papá, antes de que comenzara otra discusión.

Liz corrió la cortina alrededor de su catre, de modo que su cama estaba como en una carpa angosta. Se acurrucó en su bolsa de dormir, con su cuaderno, su lápiz y una lata de crayones de colores.

"Ella se fue lejos, muy lejos, y nunca volvió" leyó en un susurro, mientras coloreaba el cielo oscuro y la colina con azul, morado y rosa.

Luego le dio la vuelta a la página y dibujó dos figuras de pie, una al lado de la otra, bajo un árbol, con la luna posada en las ramas como un búho. Pensó un momento y luego escribió: *Y encontró a una extraña, que le dijo: "Rojo es mi derroche", y que alguna vez, hacía mucho tiempo, había sido un chico.* Al escribir las palabras sintió un escalofrío recorriendo sus brazos y nuca.

—¿Terminaste tu té, cariño? —preguntó papá, levantando una punta de la cortina.

Liz cerró su cuaderno de golpe. —Sí, gracias.

—Buenas noches, pues. Duerme bien, y no te olvides de rezar por tu má.

Papá había repetido las mismas palabras cada noche desde que Liz tenía cuatro años, cuando su mamá había muerto.

—Buenas noches, papá —dijo Liz.

Papá dejó caer la cortina. Liz podía oír el murmullo de sus voces en el toldo, hablando sobre la moto y la competencia del día siguiente. Abrió su cuaderno para ver sus dos dibujos.

Lo que Alan había hecho no importaba ahora, o importaba menos, porque ella tenía un secreto. En su cuaderno estaba metida en una historia extraña, y mañana, quizás, sabría cuál sería la siguiente escena. Liz siempre era el personaje de sus dibujos, la pequeña figura de brazos delgados y largas trenzas cafés.

PARA ELIZABETH JACKSON POR SU EXCELENTE DESEMPEÑO EN DIBUJO. Delineó las letras con el dedo, orgullosa. "Tienes un estilo muy distintivo, Elizabeth", le había dicho la profesora

Metcalf cuando le entregó el premio. "Tienes talento. Espero que uses este cuaderno para desarrollarlo durante el verano".

Liz sonrió para sí. "¡Sally Beck!", pensó, y casi se rió en voz alta. Pero se prometió preguntarle a la profesora Metcalf los nombres de verdaderas mujeres artistas cuando regresara a la escuela.

Metió su cuaderno bajo la almohada y cerró los ojos. "Padre nuestro, bendice a papá y a mamá, que está en los cielos", murmuró obediente.

"Y", añadió, "haz que Alan se caiga de narices en el lodo, amén". Y luego se quedó escuchando la voz de papá, zumbando en las ventanas del remolque como un abejorro. En alguna parte sobre los jardines de Carlton Hall, bajo la luz azul de la luna, se escuchó el ulular de un búho. Liz se durmió pensando en las cosas extrañas que había dicho la anciana.

—LE GUSTAS al chico de la caravana blanca, Liz —dijo Alan la mañana siguiente, sonriéndole por encima de su tortita de tocino.

—Cállate —respondió Liz.

Le dio la vuelta a su propio tocino en el sartén. Alan siempre decía estupideces de ese tipo para avergonzarla.

—¿Oíste, pa? —repitió Alan, todavía sonriente, cuando papá entró limpiándose las manos en un trapo grasoso— el chico ése muere por Liz. No ha dejado de mirarla desde que fue por agua.

Papá se volvió a mirar por la ventana del remolque.

—Pues ahora no está mirando a Liz, sino al idiota de Johnson, presumiendo con su moto.

Una línea negra se dibujó en el entrecejo de papá. Se metió el trapo en el bolsillo y salió a grandes zancadas del remolque en el momento en el que una moto pasaba zumbando frente al toldo.

—¿Qué, no sabes leer? —lo oyeron gritar— ¡Eh, Johnson! ¡Te estoy hablando!

En la entrada del campamento había un letrero que decía: PROHIBIDO ANDAR EN MOTO EN EL CAMPAMENTO. Ésa era la condición que Carlton Hall había impuesto cuando rentaron el campo para la competencia. Oyeron el motor toser hasta detenerse y un momento después papá regresó, haciendo que el remolque se balanceara con sus pisadas.

—¡El muy idiota! Nunca falta uno que eche todo a perder para el resto.

—¿Qué dijo? —preguntó Alan, y le puso salsa de tomate a su pan.

—Nada que pudiera repetir frente a una dama —dijo papá, sonriéndole a Liz—. De todos modos, le dije que los que rompieran la regla estaban descalificados. Eso lo detuvo.

Alan se dio la vuelta en su catre para mirar por la ventana.

—Mira nomás, ¡presumiendo su traje de cuero como nena!

Liz miraba fijamente el sartén, donde seguía cocinando su tocino.

—Cállate —le dijo.

—¿Y ahora qué pasa? —preguntó papá mientras se ponía una bota. Se volvió a mirar a Liz.

—¡Mi hermano! ¡Mira cómo habla!

—¿Qué dije? —preguntó Alan, mirándola perplejo.

—Que presumía como...

—¡Basta ya! Ya tuve suficiente de sus discusiones —dijo papá, dando con la bota en el suelo y subiendo el cierre de golpe.

Extendió la mano. Sus uñas estaban negras de grasa.

—Esta mano está a punto de perder la paciencia, ¿entienden?

Alan se encogió de hombros y fulminó a Liz con la mirada. Liz hizo una mueca y dejó que se quemara el tocino.

—No es justo —murmuró.

—Además, no es más que una forma de hablar. No quiere decir nada.

—¡Claro que sí!

—Lii-iiz —siseó papá, en tono de advertencia.

—No es justo —repitió Liz.

Salió a comerse su tocino, en el pasto. Alan siempre decía estupideces como ésa sobre las niñas, pero nadie excepto ella parecía darse cuenta.

Iba a ser un día caluroso; el sol ya estaba alto en el cielo. El campo parecía una feria. Había motocicletas flamantes junto a cada remolque, y camionetas y tiendas de campaña. De los postes de la entrada colgaban banderolas rojas y blancas, y entre ambos había un letrero que decía: PRUEBAS DE CARLTON HALL —SÁBADO 25 Y DOMINGO 26 DE JULIO, y abajo, en letras más pequeñas, *Patrocinado por Cervecería Stoughton*. Grupos de hombres y chicos en coloridos trajes de cuero o chamarras negras festonadas con escudos se arremolinaban alrededor de las motos.

El olor del tocino se mezclaba con el de la gasolina, que llegaba desde el campo. Un grupo de niños chiquitos jugaba en el grifo de agua, cerca del muro, gritando y salpicando un radiante chisguete de agua.

A través de los árboles, del otro lado del camino, las viejas chimeneas y tejados permanecían indiferentes a todo. En el Páramo de Carlton, donde las pruebas se iban a llevar a cabo, una motocicleta zumbaba como sierra eléctrica.

Liz miró a su alrededor buscando a alguien de quien hacerse amiga, pero no vio a ninguna otra niña, aparte de la pequeña que estaba junto al grifo y otra muchacha más grande que no contaba, porque su novio le estaba susurrando cosas al oído y abrazándola. Los flecos de la manga de la chamarra de cuero del chico caían por la espalda de la muchacha.

Alan salió del toldo caminando con la moto de papá. Liz podía adivinar por la expresión en su cara que se imaginaba que era su propia moto. Traía puestas las viejas botas de papá. Las hebillas tintineaban como espuelas.

—Buena moto, ¿eh? —dijo el chico del remolque blanco, acercándose.

—No está mal —dijo Alan, muy casualmente, y pasó una pierna por encima para sentarse en la moto. Fingió manipular el acelerador.

—¿Has ganado algún premio?

Liz notó que Alan titubeaba.

—En realidad es de mi papá —admitió, al ver que Liz lo observaba.

El chico se inclinó para ver los intestinos metálicos del motor.

—Pensé que era tuya.

Alan sonrió, apretando los labios, muy satisfecho.

—A veces la uso —dijo.

Liz clavó la mirada en el pasto entre sus sandalias, arrancó un puñado y sin saber qué hacer lo arrojó. Así sería el día entero. Alan y papá hablando con otros participantes sobre pistones y bujías y qué tipo de llanta era la mejor, y mientras, ella andaría sin rumbo hasta finalmente ir a dar al grupo de las esposas y las novias, a hacer sándwiches y café para los hombres o cuidar a los niños. No era la forma ideal de pasar las vacaciones de verano, pero era lo que habían hecho cada verano desde que tenía memoria. Pruebas y competencias y carreras, año tras año.

Alan y el otro chico se habían ido juntos a ver otra moto. Papá emergió del toldo. Parecía una mezcla entre un buzo y un astronauta, vestido con su traje de cuero rojo y negro. Le sonrió.

—¿Vas a pintar un retrato de tu papi en su burro metálico? —preguntó sentándose junto a ella en el pasto. Su traje de cuero crujió al doblarse sus codos y rodillas.

—No me gusta dibujar motos —contestó Liz.

Pero pensó que su papá se veía guapo en su traje, y más bien joven para ser un papá. Algunos de los otros hombres se parecían al muñeco de las llantas Michelin con sus trajes de cuero.

La sonrisa de papá se disipó, y se le quedó viendo, pensativo.

—¿Ya no te gusta venir, Liz?

Liz arrancó otro puñado de hierba.

—Cuando eras una chiquilla te divertías, como ellos —dijo, mirando a los niños que chapoteaban en el charco que habían hecho.

—No lo paso tan mal —contestó Liz. Pero no era verdad.

—¿Tengo que ir al páramo?

Quería ir a buscar a la anciana.

—¿No me quieres ver ganar?

—Sí, pero... —se sentía mal.

—Bueno —dijo papá—, supongo que ya estás grandecita para cuidarte sola. Pero no te alejes del campamento.

—Pensé en ir a ver el Hall, o algo así.

—Te puedo dejar una llave del remolque. Pero cierra bien antes de irte.

Alan y su nuevo amigo se acercaron a ellos.

—Papá, ¿puedo ir al páramo con Mike y su hermano?

—Sí, pero no hagan tonterías.

Papá se levantó y le aventó a Liz la llave extra.

—Los quiero a los dos de regreso para la hora de comer. Y, Lizzie, no hables con tipos extraños.

—¡Tendrían que ser de veras extraños para hablarle a Lizzie! —gritó Alan.

Liz le sacó la lengua mientras se alejaba.

Aún en el bosque, Liz seguía escuchando el ruido intermitente de las motos en el páramo. Hoy el campo junto al campamento estaba lleno de coches, y un policía con guantes blancos dirigía al público y el tráfico en el camino.

Por un segundo Liz pensó en regresar. A veces le gustaba estar en el público, sabiendo que su papá participaba en la carrera. Le daba un sentimiento de superioridad. Pero podía sentir las esquinas duras de su cuaderno en el bolsillo, y sabía que ese día quería estar en su propia historia, y no a la orilla, entre los espectadores de las aventuras de Alan y papá.

Entre los árboles la luz era verde y fresca como agua, y llena de los aromas picantes de los helechos y las zarzas. Los pájaros piaban adormilados y hacían que el bosque pareciera muy quieto. Encontró un sendero que corría al pie de un alto muro de piedra, detrás del cual, adivinaba, estaban los jardines del Hall.

Había algo de secreto en la calma de las hojas verdes y abundantes entre el bosque y el muro. Era un lugar para imaginarse cosas.

Pero el problema era que mientras más trataba de imaginarse que algo estaba a punto de suceder, más dudaba de que su encuentro la noche anterior con la extraña anciana, que había dicho cosas tan raras, hubiera sido realidad.

Se detuvo en un claro de luz y sacó su cuaderno para ver de nuevo el dibujo que había hecho. "Alguna vez, hacía mucho tiempo, había sido un chico". Sonaba un poco tonto, y además, poco probable. Se metió a la boca la punta de su trenza, la chupó pensativa, y luego la arrojó sobre su espalda.

El muro daba la vuelta y la llevaba frente al Hall, donde se abría una reja de hierro forjado y puntas doradas. Una hoja de la reja estaba abierta, y en la otra había un letrero:

CARLTON HALL
JARDINES ABIERTOS AL PÚBLICO DE ABRIL A OCTUBRE.
LOS NIÑOS DEBEN ENTRAR ACOMPAÑADOS POR UN
ADULTO.

Más allá de la reja estaba el jardín más extraño que Liz hubiera visto en su vida: todo formado con setos y tejos podados en forma de conos y hongos, espirales ascendentes y pirámides, como formas talladas en piedra porosa. Detrás de ellos estaba el Hall, un edificio gris y serio como una iglesia. Una o dos parejas caminaban entre los espesos setos, y un señor, de espaldas a ella, estaba fotografiando un arbusto podado en forma de pavorreal.

Liz decidió ignorar el letrero. Si alguien preguntaba, diría que estaba buscando a su papá. Se deslizó por la reja hacia el silencioso jardín.

Pasó bajo un arco en un alto muro verde. Había otra placa en el suelo. "El Jardín de las Figuras", leyó, "fue creado en 1851 por Sir Randolph Chadwick en honor a su esposa". Las almenas verdes encerraban un sendero secreto sobre el que las formas oscuras de los setos se recortaban contra el cielo brillante. Era como estar entre enormes piezas de ajedrez, pensó Liz mientras caminaba lentamente entre los árboles y arbustos cuidadosamente podados. Llegó a un lugar en el centro del jardín, en donde la estatua de mármol de una mujer desnuda se erguía en un círculo perfecto de césped. Sus brazos acababan un poco antes del codo. Y a su alrededor, como peones cuidando a la reina, se levantaban los troncos negros de los tejos.

El silencio era inquietante.

Liz sacó lápices y cuaderno de su bolsillo y se sentó en la orilla del césped. Miró a su alrededor para asegurarse de que nadie la miraba y empezó a dibujar la estatua.

Era difícil, y cuando terminó le pareció que había algo siniestro en el dibujo. Podía sentirlo en el jardín, pero en el papel caía como una sombra. La estatua parecía casi viva. Sin pensarlo, Liz le había dibujado también brazos y manos.

Pero los peones a su alrededor no la cuidaban: la detenían, y la estatua era una pálida prisionera.

Dibujó dos figuras mirando a la estatua detrás de uno de los tejos, y eso hizo que el dibujo fuera aún más siniestro. El escalofrío volvió a recorrer sus brazos al escribir unas palabras al pie de la página.

Ahora la historia que estaba dibujando tenía un significado, como una adivinanza.

"La extraña la llevó al jardín de las figuras y le mostró una mujer convertida en piedra", leyó en un susurro.

—*Ajá*, ésa es más o menos la historia completa —dijo una voz seca a sus espaldas, y una sombra real se proyectó sobre la página.

Liz dio un salto y se puso de pie.

Era Sally Beck, todavía con su abrigo y botas, sonriéndole. Parecía todavía más vieja que la noche anterior.

Bajo la gorra de tela, su cara parecía una bolsa de papel arrugada.

—¡Estaba buscando a mi papá! —dijo Liz.

—Sí, cómo no —dijo la vieja, y se rió por lo bajo—. ¡Te colaste por la reja como un zorro en un gallinero!

—Bueno, sólo quería ver.

—¿Estás escribiendo un cuento? —preguntó, apuntando con la barbilla hacia el cuaderno.

—Sólo estaba dibujando. No hice nada malo.

—¡Eso es obvio! —dijo Sally Beck—. ¿Quieres una taza de té?

—Sí, gracias —asintió Liz.

—Excelente. Yo también necesito refrescarme el gaznate. Y te diré algo de corazón, chica: te ves mucho mejor que ayer.

—Ayer estaba un poco harta —dijo Liz, caminando lentamente al lado de la anciana.

—Me recordaste a mí misma, la verdad. Recargada en la reja, gruñéndole al mundo. Sally, me dije, allí está otro Jack Beck, si hubo alguna vez otro en el mundo.

Pasaron al lado del Hall, a través de una reja, hacia una parte más silvestre y menos cuidada del jardín, donde había una hortaliza, un largo invernadero y una pequeña cabaña de madera.

—Siempre me dejan un poco de té en la cabaña —dijo Sally Beck—. Como quien le deja a un gato un plato de leche.

—¿Entonces trabajas aquí? —preguntó Liz mientras la vieja abría la puerta de la cabaña.

—¡Trabajar! Para tu información, fui la jefe de jardineros. Sí, ¡jefe de jardineros, yo misma! Jefe de todo esto —y al hablar describió un círculo amplio, incluyendo al Hall y a los jardines con el brazo huesudo—. *Ajá, ajá.* Es demasiado para mí ahora. Tengo noventa y un años, ¿sabes? —se rió, y todas sus arrugas temblaron—. Noventa y uno, sí señor —luego dejó de reírse y miró la llave que sostenía en su mano nudosa. Sus dedos eran como un haz de ramas torcidas—. Noventa y uno —repitió más bajo—. ¿Quién lo creería?

—Eso quiere decir —dijo Liz, contando— ¡que en nueve años tendrás cien!

Nunca había conocido a nadie tan viejo.

Sally Beck meneó la cabeza.

—Más bien creo que estaré peleando con los gusanos.

Entró en la cabaña y sacó un termo y una vieja taza blanca.

—Tendrás que tomarte el tuyo en la tapa del termo —dijo. Luego se sentó lentamente en una banca sombreada.

—Tú sírvelo, chica. Mis manos son puros temblores.

Liz hizo lo que le pedía. No sentía que estuviera con una desconocida, para nada. Sabía que, en parte, esto era porque había dibujado a la anciana dos veces en su cuaderno, y aunque los dibujos no eran realistas, como fotos, cualquiera podría reconocer a Sally Beck por el bastón y la gorra, y los hombros encorvados.

—Ay —suspiró la vieja cuando Liz le pasó su taza de té—, no todo es un lecho de rosas.

—¿Qué? —preguntó Liz.

—Tener noventa y un años. La cabeza se te llena de telarañas, igual que esta cabaña. Son tus facultades, ¿sabes? Se oxidan después de una vida entera en la lluvia... —sorbió ruidosamente su té—. Y todos tus amigos y enemigos están muertos y enterrados, y te quedas sola —la voz de Sally Beck era como el rumor de las hojas secas en las piedras del camino—. No siempre he sido así de vieja, chica. Pero ahora sólo yo y Él recordamos los tiempos en que yo era como tú.

Se quedaron en silencio un rato largo. El aire caliente ondulaba como un paño de seda sobre los árboles, y el rugido distante de las motocicletas en el páramo sonaba como el rasgar una tela.

—Parece mucha soledad —dijo Liz.

—¿Soledad? —Sally Beck asintió, y su cuello tembló bajo su barbilla—. *Ajá*, estoy sola. A veces. Me siento como un fantasma, a veces...

Ayer parecías un fantasma —dijo Liz, sonriendo al recordar el sonido de los pasos de la anciana en el sendero solitario.

—Te di un buen susto, ¿verdad?

—Sólo por un segundo —dijo Liz.

A continuación, Liz hizo algo que rara vez hacía: sacó su cuaderno de dibujo y lo abrió para mostrárselo a Sally Beck.

—Te dibujé.

—Espérame tantito.

La vieja hurgó en su bolsillo y sacó unos lentes. Tomó el cuaderno y lo sostuvo cerca de su cara. No dijo nada. Después de un rato dio vuelta a la página y miró los otros dos dibujos.

—¿Tú dibujaste esto, chica? —las arrugas alrededor de su boca temblaron como telarañas.

Liz asintió. Vio cómo los labios de la anciana se movían en silencio, mientras leía lo que estaba escrito. El silencio del jardín creció a su alrededor, y a través del arco del seto Liz alcanzó a ver la sombra de la estatua como un reloj de sol a través del pasto.

—Es un cuento extraño el que estás escribiendo —dijo por fin Sally Beck.

—Oh —dijo Liz. Sentía el calor en el rostro—. No es un cuento de verdad...

Sally Beck se desenganchó los lentes de las orejas y miró a Liz bajo la sombra de su gorra.

—Ésta de aquí —y señaló el primer dibujo—. Ésta podría ser Jack Beck. O sea, yo. En el día en que me convertí en Jack Beck.

Por la forma en que dijo estas palabras, parecían más el comienzo de una discusión que de un cuento.

—¿Entonces era verdad, lo de que alguna vez fuiste chico? —Liz se le quedó mirando.

—¡Claro que sí, claro que sí! Es la pura verdad, chica —dijo indignada Sally Beck—. Y por cierto, no es "rojo de noche es mi derroche", sino "rojo de noche, de día derroche".

—Sí, ya sé. Pero me gustaba más como yo lo escribí —dijo Liz.

—¿Quieres que te cuente la historia, sí o no?

—¡Sí!

—Entonces deja de interrumpirme. Y sirve el resto del té.

SALLY CORRÍA. Las sombras de las casas pintaban rayas y entre las terrazas brillaba el sol de la madrugada. Sus zuecos de madera repiqueteaban sobre el empedrado —clac-clac-clac— y el eco del ruido resonaba en los muros de la fábrica de algodón de Holyroyd.

—Todavía puedo escuchar ese ruido ahora, resonando en mis oídos, como si alguien me persiguiera.

Clac-clac-clac-clac, a través de las calles vacías, espantando a los gorriones y los cuervos que picoteaban en el sendero. Pero podía oír también el pit-pat, pit-pat de la demás gente caminando con sus zuecos por las calles de Holyroyd, hombres y mujeres rumbo a la fábrica de algodón.

El día anterior había cumplido doce años, y hoy había huido de casa. Y para cuando el reloj de Saint Peter dio las seis en esa mañana de julio, Sally Beck estaba en lo alto de la colina de Holyroyd con el atado de ropa robada y un trozo de pan apretados contra su pecho.

"Si no entra a servir, entonces entrará a la fábrica hasta que se case, y me pueda yo lavar las manos de usted, Sally Beck. Ahora, sírvame de comer", eso fue lo que mi papá me dijo el día que cumplí doce años. Ése fue todo mi regalo.

Sally siguió corriendo hasta que la chimenea de la fábrica quedó escondida detrás de los árboles. Luego se quitó la falda, el delantal y el chal y los metió hasta el fondo de un agujero en el muro de piedra. Sentía que era la primera vez que sus brazos y piernas sentían el sol. Desenrolló el atado de ropa que se había robado de los pies de la cama que compartía con su hermano Jack y su hermana Alice. Era la ropa de su hermano Jack la que se había llevado, y se la puso: pantalones, una camisa vieja de su padre con las mangas recortadas, un saco color café y una bufanda blanca. Con el cuchillo que se había llevado de la cocina se cortó las trenzas.

—Parecían dos serpientes cafés tiradas en la tierra.

Arriba, entre los árboles, el viento soplaba frío en su cuello desnudo. Se caló la gorra de su hermano en la cabeza, y con el trozo de pan bajo la camisa echó a andar por el bosque, siguiendo los senderos de las ovejas a través de la maleza, buscando el camino. Pasó tres días en el bosque sin ver una sola alma, y durmiendo por la noche cerca del muro. Tenía doce años.

—Tenía tanta hambre que traté de comer pasto, pero cuando corté una brizna me dejó dos rayas negras en los dedos: era el hollín de la chimenea de la fábrica de algodón de Holyroyd, y de otros valles alrededor. Y en la noche tenía mucho miedo. ¡Pensaba que a las ovejas les iban a crecer dientes puntiagudos para devorarme en la oscuridad, mientras dormía!

Tres días después de haber huido, Sally se encontró con un hombre sentado en una fogata al lado de un sendero blanco en el bosque. Junto a él había un carreta, y un caballo amarrado pastaba ahí cerca. Estaba cocinando huevos en una lata que sostenía sobre el fuego y en la mano tenía un trozo de queso que cortaba con su cuchillo y mientras lo iba cortando, se lo llevaba a la boca con la punta del cuchillo, sin cortarse nunca la lengua.

—No recuerdo exactamente qué fue lo que dijo ese hombre. Salí de entre el brezo y me quedé parada mirando el queso, hasta que me ofreció un trozo. Pero debió preguntarme mi nombre, porque le dije que me llamaba Jack Beck, el nombre de mi hermano, a quien le había robado la ropa.

Sally era delgada; siempre había sido delgada, pero después de tres días de dormir a cielo abierto estaba más flaca que nunca. El hombre no adivinó que el chico parado junto a su carreta era en realidad una niña.

En la parte trasera de la carreta había piezas de piedra gris colocadas sobre paja. No tenían nada escrito, pero Sally supo de inmediato lo que eran. Había visto piedras como ésa en el atrio de la iglesia de Saint Peter. Y cuando se sentó sobre una de ellas, no sabía si era peor sentarse en una lápida sin epitafio que en una ya labrada. Una lápida sin nombre era el futuro de alguien, mientras que una con nombre era el pasado de alguna persona.

El carretero la llevó a través de los Pennines. Era un hombre moreno, de gesto amargo y gran bigote negro. No hablaba mucho, excepto a su caballo, pero era amable en su estilo tosco, y compartió su comida con Sally. Y fue él quien le enseñó el nombre de su primera flor, "mátame rápido".

—Ahora todo mundo la llama yerba de Roberto, una plantita de flores rosadas con hojas como de helecho.

Una mañana Sally se golpeó el brazo en el costado de la carreta, y el carretero cortó unas hojas y las talló contra el moretón.

—¡Qué manita tan fina para un chico, Jack! —le dijo mientras la detenía de la muñeca.

—He estado enfermo —replicó Sally, arrebatándole su mano.

El hombre la miró largo rato, mordiéndose el bigote, pensativo. Luego se encogió de hombros.

Sally estaba segura de que había adivinado. Nunca dijo una palabra al respecto, pero esa noche puso su chaqueta sobre ella para que no pasara frío, y en la mañana fue a orinar al muro, en vez de hacerlo contra la rueda de la carreta, como antes.

Al final de esa tarde salieron del bosque a un camino cobijado por las ramas murmurantes de árboles altos. Sally se deslizó silenciosamente de su lápida en la parte trasera del coche. El carretero no se dio cuenta, porque estaba ocupado con el caballo y el freno de madera, mientras bajaban la pronunciada pendiente. Sally se agazapó detrás de la verja de un sembradío hasta que los últimos sonidos de los cascos del caballo y las ruedas de la carreta se desvanecieron.

No tenía ni idea de dónde estaba; sólo sabía que estaba muy lejos de Holyroyd. Cuando se levantó, lo primero que vio fueron las chimeneas grises y las tejas de una gran casa entre los árboles, y al sol posado en la torre como una veleta radiante.

—¡Carlton Hall! —exclamó Liz, incorporándose y sobándose el codo, que se le había entumido por estar tanto rato en la misma posición.

—*Ajá*, era Carlton Hall. Pero yo no lo sabía entonces. Y de todos modos, ¿quién está contando esta historia, tú o yo?

—¡Tú! Quiero decir, ¡usted!

—Entonces cierra el pico, niña. Me aruinas las facultades. ¿Dónde estaba?

—Carlton Hall.

—Ah, sí. Bueno, pues en aquella época, el jefe de jardineros era un tipo llamado Samuel Cumpsty.

Sally llevaba largo rato con la cabeza apoyada entre los barrotes de la reja cuando el hombre la vio. Era un viejo de panza enorme y piernas flacas. Su cara era como un rábano, bordeada con grandes patillas blancas. Estaba parado en una escalera de madera, podando un arbusto en forma de bobina verde, en un jardín que parecía estar enteramente compuesto por bobinas, carretes y bolos. Era el jardín más extraño que Sally había visto en su vida, pero sabía que las figuras eran sólo arbustos y árboles podados por la gran cantidad de ramitas que estaban regadas por el suelo, a lo largo del sendero de grava.

Por fin el hombre se bajó de su escalera, se sentó en un escalón, sacó de su bolsillo una piedra y empezó a afilar las hojas de las tijeras, tallando la piedra contra el metal en un susurro largo y agudo. Por un momento le frunció el ceño al muchachito de la reja. Luego volvió a guardar la piedra en el bolsillo de su chaqueta.

—¿Buscas algo, chico?

—*Ajá* —respondió Sally Beck—. Busco trabajo.

—¿Y qué tipo de trabajo sabes hacer? —preguntó el hombre mientras comenzaba de nuevo a podar el arbusto—, por tu aspecto, será robar o pedir limosna.

—¡Claro que no! —replicó Sally.

El sol se estaba poniendo tras la mansión, y las sombras de la reja se proyectaban sobre el sendero.

—Puedo cargar cosas y hacer mandados.

—¡No me digas! —dijo el hombre, sin voltear a verla—. ¿Y te sabes el Padre nuestro también?

—Padre nuestro que estás en los cielos, santificado sea tu nombre —dijo Sally muy rápido.

—¿Conque cargar y hacer mandados, eh? —El hombre se enderezó y se echó la gorra para atrás—, pues tráeme esa escoba y junta las ramitas que están regadas en ese montón de allá.

—Y así fue como conseguí mi primer trabajo. Resulta que el último peón del jardín se había muerto de tétanos en Pascua. Yo tenía que llamarlo señor Cumpsty, y él me llamaba Jack. Cuando atravesé esas enormes rejas negras sentí que había pasado por la mismísima puerta del cielo.

Sally Beck y Samuel Cumpsty trabajaron hasta que oscureció. No debía quedar una sola hoja o ramita en el camino de grava, y aunque él había extendido costales bajo los arbustos, les tomó un buen rato limpiar. La luna estaba alta en el cielo cuando terminaron. Y fue a la luz de la luna que barrieron la grava para dejarla impecable entre las figuras del jardín.

Esa noche el señor Cumpsty se llevó a Sally a su cabaña, y por

111

primera vez en su vida, Sally tuvo una cama para ella sola. Y aún mejor, un jarro de cerveza amarga para ayudarla a dormir.

A la mañana siguiente la llevó al Hall, y allí Sally aprendió que todas las contrataciones y despidos los llevaba a cabo un hombre llamado Harrison, que usaba guantes blancos.

—Era sólo un sirviente del Sir Chadwick, como el resto de nosotros, pero se creía Dios en su trono celestial. Yo pensé que era el Diablo, todo de negro, con la nariz afilada y sus manos blancas. Hasta Sam Cumpsty tenía que descubrirse la cabeza cuando hablaba con él.

Harrison apenas miró a Sally, y luego escribió "Jack Beck" en un libro negro.

—No fue sino hasta cuatro años después que conocí a mi patrón, Sir William Chadwick... pero todavía no llego a esa parte.

Y así, Sally se convirtió en Jack, el peón del jardinero de Carlton Hall.

—Y ¿sabes, chica? ¿Lo que mejor recuerdo, lo que era mi libertad? Puede sonar tonto, pero para mí la libertad era caminar por el jardín, con las manos en los bolsillos, silbando. ¡Silbando! En ese entonces, ¿sabes? las cosas eran así. En Holyroyd había un refrán: "La mujer que chifla y la gallina que cacarea son mal agüero para el mejor caballero". Y si una chica era sorprendida silbando, se llevaba una bofetada. Pero Jack Beck podía silbar todo lo que quisiera, siempre que hiciera su trabajo, claro está.

—Pero ¿no tenía miedo de que la descubrieran? —preguntó Liz.

La sombra de la estatua había caminado más allá de donde la podía ver.

—¡Miedo! ¡Estaba muerta de miedo! En la noche me quedaba en mi camita, escuchando a Samuel Cumpsty roncar sobre mi cabeza, y a los búhos ululando entre los árboles, y me acordaba de mis hermanos y hermanas y de lo que había dejado, hasta que, a veces, los recuerdos me hacían llorar. Pero no iba a regresar. Tenía algo que ninguna de mis hermanas tenía: una cama que no tenía que compartir con nadie más, ni con una hermana, ni con un bebé, ni con un marido. Quizás tú no entiendas eso...

—Pero ¿y tu mamá? —preguntó Liz, pensativa—. ¿No la extrañabas?

—Aunque la extrañara, estaba más allá de donde la podía buscar. Su nombre estaba en una de las lápidas, en el cementerio de Saint Peter, desde que yo tenía ocho años. Cuando me fui de Holyroyd éramos nueve hermanos vivos. Y tres muertos. Y el último de éstos era un bebito que venía con los pies por delante, y en el parto se llevó pies por delante su alma y la de mi madre.

—La jardinería de figuras —dijo Sam Cumpsty, limpiándose el sudor de la frente con la manga— es el arte del mismo Diablo.

—¿Cómo es eso, señor Cumpsty? —preguntó Sally.

Había pasado tres años en Carlton Hall y había logrado conservar su secreto todo ese tiempo, pero cada vez era más difícil. El Rabo de Cumpsty, así llamaban los sirvientes del Hall al flaco muchachito que pasaba todo el tiempo con el viejo jardinero. Pero no pensaban mal de Jack. Trabajaba duro, era tímido y reservado, y no se metía con nadie, decían.

—Pues fíjate, Jack —dijo Sam mientras bajaba de la escalera.

Se sentó en la orilla del pasto, con las tijeras sobre las rodillas, y alcanzó el jarro de cidra que había dejado a la sombra. Después de beber, se limpió la boca y continuó:

—Ocho semanas al año nos lleva podar todo esto, dos meses enteros de cada verano. Cuando hayas estado aquí seis años, habrás pasado uno entero de tu vida córtele y córtele estos artilugios.

Le pasó el jarro a Sally.

—Te diré algo, Jack. Cuando llegas a mi edad, puedes dedicarte un rato a filosofar.

—¿Qué?

—¡A pensar, Jack! ¡Pensar! Usar eso que está entre tus orejas para algo más que detener tu gorra.

—Ah —dijo Sally.

El brazo le dolía de sujetar las pesadas tijeras. Estaban trabajando en un tejo que había sido cultivado, podado y amarrado con la forma de un reloj de arena.

—¿En qué ha estado pensando, señor Cumpsty?

—He estado pensando que estas figuras son el arte del mismo diablo. Sí señor. He estado pensando en todos los años, de los noventa que tengo, que me he pasado desnaturalizando lo natural para darle gusto al ojo de un caballero... Mira ese tejo. Sería ya un gran árbol en el atrio de una iglesia... pero ah, no, ¡nuestro Sir William quiere que sea esta cosa inútil con cintura de avispa!

Sally observó el trabajo que habían hecho.

—Es como ponerle faja a un árbol —dijo.

Sam Cumpsty se rió y dio con la palma en la rodilla.

—¡Sí, eso es lo que es! Ponerle fajas a la madre naturaleza, ése es nuestro trabajo aquí. Y todo para que Sir William pueda mirarla desde su mesa expuesta para su deleite.

—¿Usted cree que por eso le pusieron faja a Liddy, señor Cumpsty? —preguntó Sally mientras caminaban de regreso por el camino de grava.

Liddy era una de las sirvientas en el Hall, una chica que tenía más o menos la misma edad que Sally. Hacía una semana había cambiado de forma; había pasado de ser regordeta y suave a ser un reloj de arena.

Sam se rió de nuevo.

—Sí, es más o menos el mismo asunto —luego frunció el ceño—. Eh, jovencito, no te vayas a poner fresco con Liddy.

—No, claro que no, señor Cumpsty —y se sonrojó por razones que Samuel Cumpsty no podía ni adivinar.

Al ver a Jack con la cara como tomate, Sam sonrió.

—Eres un buen chico, Jack. Ahora pásame las tijeras.

—Yo pensé para mis adentros "¡Hay más desnaturalización de las cosas en este lugar de la que te imaginas, Samuel Cumpsty!".

No era sólo Liddy la que estaba cambiando de forma en el Hall; Sally también cambiaba. Y cada vez era más difícil esconderlo. Se sentía segura en el jardín, y en su pequeña habitación en la cabaña de Sam, que compartía con los bieldos y las palas y con un terrier llamado Nelson. Pero el jardín no era el único lugar en el que ella y Sam trabajaban. Una vez cada dos semanas iban como préstamo al atrio de la iglesia, a cortar el pasto y limpiar las lápidas e incluso a cavar tumbas, cuando el ayudante del cura estaba enfermo.

Y también se esperaba que echaran una mano en las granjas vecinas en tiempos de cosecha y barbecho.

—Sabes, chica, no era que yo quisiera ser hombre en mi naturaleza o en mi cuerpo. Yo sólo quería ser Sally Beck. Pero Sally Beck con la libertad de Jack Beck, ¿me entiendes? Pero las cosas estaban poniéndose de tal modo que tenía que amarrarme un trapo de algodón en el pecho para que no se me notara a través de la camisa y la chaqueta. Y una vez al mes era todavía más complicado... Yo sabía que las cosas no podían seguir así mucho tiempo más. Esos tres años habían sido los mejores de mi vida. Pero sabía que no podía seguir, lo

sabía en la médula de mis huesos o, para ponerlo más simple, lo sabía en mis caderas y mis pechos.

Mientras los chicos de las granjas echaban sus primeras barbas y rompían la voz en tonos bajos y altos, como "las cuerdas carcomidas del órgano de Carlton Hall", el Rabo de Cumpsty seguía con el rostro suave y no tanto flaco como esbelto.

—Ese verano tuve que aguantar muchas burlas, chica, que no te quede duda. Y le tenía tanto cariño al viejo Sam, y tanto miedo de que se enterara, que muchas veces pasaba las noches en blanco, pensando en que tendría que huir otra vez. Y la que más se burlaba de mí era Liddy.

Cada mañana Sally tenía que ir a la cocina del Hall a preguntarle a la señora Baxter, la cocinera, la orden de las hortalizas que necesitaría ese día. Sam y Jack Beck cultivaban la mayor parte de las verduras en un huerto detrás del Hall. Incluso tenían un árbol de durazno que crecía contra el muro que daba al sur, un árbol que era el orgullo y la alegría del señor Cumpsty.

—A ver, Jack, quiero un par de esas cebollas hermosas, y unas zanahorias, y una canasta grande de fresas, pero fresas de las buenas, que el señor tiene invitados esta tarde. ¿Qué más? Unas hojas de laurel, y un poquito de romero para la pierna de cordero.

—Y la señora Baxter me daba una enorme canasta de mimbre, y a veces una galleta de avena o un pedazo de pastel de frutas, lo que estuviera preparando.

Pero muchas veces Liddy estaba ahí también, vestida con su uniforme negro de cuello blanco, tratando de quitarle la gorra a Jack cuando pasaba por la puerta o cantando por lo bajito:

"El rabo de Cumpsty, el rabo, tiene menos pelos que un pobre nabo".

—Sentía que me moría cuando entraba a la cocina, chica. Tenía el presentimiento de que Liddy me descubriría... cosa que hizo al final, en cierta forma... Sí, pobre Liddy.

—¿Qué pasó? —preguntó Liz.

La sombra del Hall había caminado hasta estar encima de ellas y el jardín estaba silencioso. Todos los visitantes se habían marchado, y el sonido de las motos se había evaporado en el silencio de la tarde de verano.

La anciana tenía los ojos clavados en el suelo; estaba viendo algo que Liz no podía ver, pero se imaginaba. Otro verano, hacía más de setenta años. El último verano de Jack Beck, con las manos en el bolsillo, silbando por el jardín de las figuras.

Un viernes a fines de julio llegó un mensaje del sacristán de Carlton Beck. Había que cavar una tumba para un joven que había muerto, cornado por un toro, en una de las granjas vecinas. Y el sepulturero estaba enfermo.

Samuel Cumpsty se había levantado mal del estómago esa mañana, y fue gruñendo todo el camino hasta el cementerio, que estaba a tres millas de distancia, aunque su estómago gruñía más.

Era un día caluroso, y tenían las botas cubiertas de polvo cuando llegaron. La tumba estaba cerca del muro del cementerio, lejos de la sombra fresca de los tejos que crecían en el portal del atrio. La tierra estaba llena de piedras y agrietada por el calor.

Primero tenía que cortar los trozos de pasto que se colocarían sobre la tumba cuando el muchacho estuviera bajo tierra. Sally se encargó de

eso, cortando cuadrados con el filo de la pala y apilándolos al lado del muro. Pero ésa era la parte fácil. Luego seguía picar y cavar.

—Ten, chico —gimió finalmente Sam—, tú cavas la tumba y yo me echo dentro.

—Eh, no diga eso, señor Cumpsty —replicó Sally, recargada en su pala, metida hasta la cintura en el hoyo de la sepultura.

El sudor le corría por la espalda y las costillas. En ese momento le hubiera gustado quitarse la camisa más que nada en el mundo, pero ni siquiera se atrevía a quitarse la chaqueta.

—Te lo juro, Jack —dijo Sam Cumpsty, limpiándose la cara con el pañuelo—, si cavo esta tumba, será la última que cave. Y si el maldito sepulturero estuviera aquí, le daba con el filo de la pala en la cabeza, ¡para que aprenda lo que es sentirse mal! ¡Estoy seguro de que si ese tipo se siente mal hoy es porque tomó varios tarros de más en el Carlton Arms!

Sally sonrió. Pero después vio a Sam. Su cara parecía mantequilla derritiéndose al sol, y estaba parado muy tieso, como torcido. No estaba como para cavar una tumba, excepto la propia. Y me asusté.

—Señor Cumpsty —dijo Sally—, ¿por qué no regresa a la cabaña? Yo termino aquí. Lo he hecho antes. Le prometo que será la tumba mejor cavada de este lado de Carlton Fell.

—Me tienta tomarte la palabra, muchacho —respondió Sam.

—Pues vaya, señor Cumpsty. No se preocupe, haré una tumba como debe ser.

Sam asintió. Se puso otra vez su chaqueta y sacó su gorra del bolsillo para cubrirse la calva del sol ardiente.

120

—Eres un gran tipo, Jack —dijo—. Y ese pobre diablo para el que estás cavando tenía tu misma edad. Piénsalo. El cura sacará un sermón de este asunto, ya verás.

Sally se quedó a solas en el cementerio, entre las urnas y los ángeles blancos de los ricos y los granjeros, y las lápidas grises de los pobres, proyectando sus sombras sobre el suelo.

Le tomó toda la tarde cavar la tumba. No se detuvo hasta que se pudo parar en el fondo, con las tablas a sus costados deteniendo la tierra para que no se derrumbara y la enterrara viva.

Tenía quince, casi dieciséis años, y sobre ella quedaba un rectángulo de cielo azul y caliente.

—Estaba tan cansada cuando terminé, que simplemente me tendí en el fondo, sobre la tierra fresca del fondo de la tumba. Me cubrí los ojos con la gorra, y en seguida me quedé dormida.

Cuando Sally se despertó la luna ya había salido. Una luna en forma de hoz, sobre el campanario gordo de la iglesia. Por un segundo no pudo recordar dónde estaba. Se levantó, entumecida, y estaba a punto de trepar para salirse cuando oyó una risita y un susurro.

Se detuvo, escuchando, asustada. Pero no eran fantasmas los que reían; era Liddy, la muchacha del Hall. Y un momento después, reconoció también la otra voz: era uno de los trabajadores de una granja vecina.

—Era guapo, guapo y casado, con dos niños pequeños y otro en camino.

—Te adoro, Liddy —lo escuchó murmurar—, sé buena conmigo, niña, oh, sé buena...

Sally pensó en brincar de la tumba y asustarlos. Pero en vez de eso salió silenciosamente del hoyo. Liddy y el tipo no estaban en el cementerio, sino en el sembradío del otro lado del muro. Y ahora no se escuchaban voces, sino suspiros y jadeos.

Tan callada como pudo, Sally recogió el pico y las palas y se escabulló entre las lápidas. Una vez que se encontró en el camino echó a correr.

Cuando llegó de regreso a la cabaña, Sam estaba sentado en una silla junto a la puerta, bebiendo un vaso de jerez con huevo que la señora Baxter le había traído.

—¿Terminaste? —preguntó.

—*Ajá*, quedó bonita y bien reforzada a los costados. Me quedé dormido, señor Cumpsty.

—Oye —dijo la señora Baxter, que estaba de pie junto a la silla—, ¿no has visto a Liddy?

—No —mintió Sally. Pero su voz sonaba a mentira, y tanto la señora Baxter como el señor Cumpsty lo notaron.

—Bueno —dijo el señor Cumpsty—, ver no tiene nada de malo, ¿o sí?

—Depende, depende —dijo la señora Baxter.

Hacia octubre, Liddy cambió de forma otra vez. Y el trabajador, su esposa y sus tres pequeños se habían ido. Se fueron por la noche, y nadie volvió a oír de ellos.

Fue Harrison el que vino a buscar a Sally. Estaba trepada en un manzano en la huerta, lanzándole manzanas al viejo Sam.

—¿Jack Beck? —dijo Harrison, como si su nombre no valiera la saliva que gastaba en pronunciarlo— Sir William quiere hablar contigo.

—¿Conmigo? —Sally se descolgó de la rama y cayó en el suave pasto.

—Harrison me llevó como si fuera al patíbulo. Y Sam Cumpsty no pudo hacer nada sino mirar, con la canasta de manzanas en los brazos.

Mientras caminaban haciendo crujir la grava del camino, Harrison no dijo una sola palabra. Pero Sally supo, antes de entrar en la sala con paredes de madera de la biblioteca, que el momento de terminar con Jack Beck había llegado. Alguien se había enterado. Hubiera querido que se la tragaran las duelas del suelo. Y sin embargo, también sentía alivio. Sabía que tendría que pagar por los años felices que había vivido, pero se sentía lista para enfrentar su deuda. Era como una muerte, pero era también mejor que huir.

Sir William Chadwick era más pequeño de lo que Sally había imaginado —de hecho, del tamaño de la gente normal. Y viejo. Su esposa, Lady Chadwick, había muerto antes de que Sally llegara a Carlton Hall, y su único hijo vivía en el sur. Sir William pasaba mucho tiempo en Londres, y Sally sólo lo había visto una o dos veces antes, parado en la ventana de la biblioteca o caminando en el jardín.

—Me gusta pensar en los sirvientes como parte de la familia —dijo, haciendo garabatos con la pluma en el papel secante. Sin decir una palabra ni hacer el menor gesto, de alguna forma había despedido a Harrison de la habitación.

—Me quedé de pie frente a su escritorio mientras me echaba un sermón larguísimo sobre la familia, la responsabilidad y la lealtad. Yo podía ver por su cara que no le agradaba regañarme, pero no tenía ni idea de lo que me estaba hablando.

—¿Y bien, Beck? ¿Qué me dices? No tienes nada que temer, habla —dijo Sir William.

Sally se quedó mirando las duelas pulidas, confundida y asustada.

—Por supuesto —dijo Sir William—, Liddy ya no trabajará aquí, pero queda decidir qué haremos contigo, Beck.

Entonces, de repente, Sally cayó en cuenta de lo que se trataba la entrevista. ¡Liddy iba a tener un bebé, y a Sir William le habían dicho que Jack era el padre!

—Me le quedé viendo con la boca abierta. No podía creer lo que estaba oyendo. Qué fue lo que le picó a Liddy nunca lo sabré. Quizás le daba vergüenza admitir que había sido un hombre casado. O, más probablemente, no decía el nombre del responsable, y la señora Baxter había recordado el día en que llegué tarde del cementerio. De cualquier forma, estaba en el aprieto más raro del mundo. Sabía que estaban a punto de despedirme. "Sally, tanto más da que te cuelguen por un borrego como por un cordero", me dije.

Sir William estaba de espaldas a ella, mirando a través de la ventana el jardín de las figuras. Sus manos estaban tras su espalda, y golpeteaba dos dedos de la mano derecha contra la palma de la izquierda.

—¡No fui yo! —dijo Sally.

—Preferiría que no me mintieras, Beck. Ya de por sí es un asunto bastante malo.

Sally tomó aliento.

—No pude ser yo, señor —replicó.

Sir William se volvió con el ceño fruncido.

—¿Y por qué no?

—Porque —dijo Sally en un susurro—, mi nombre no es Jack, señor, es Sally.

—¿Perdón? —Sir William se le quedó mirando.

—Mi nombre no es realmente Jack, señor. Es Sally. No soy un chico. Soy una muchacha.

El silencio que siguió fue como un trueno.

—Temblaba tanto que pensé que me iba a caer. Y Sir William me miraba como si él también estuviera a punto de desmayarse. Luego, para no hacerte esto más largo, la señora Baxter me llevó a la cocina y me hizo desvestirme frente a ella. Me quedé parada, desnuda, sobre los mosaicos fríos del suelo. Ella estaba tan sorprendida que se echó a llorar y se sonó la nariz en su delantal. Después hubo mucha consternación y atolondramiento.

¡No se habrían sorprendido más si Jack Beck hubiera sacado alas y desaparecido en el cielo!

"Harrison era de la opinión de entregarme a la ley, por fraude y engaño. Pues bien, me dieron la falda de otra sirvienta para que me vistiera, y me llevaron de regreso a ver a Sir William. Estaba tan acostumbrada a los pantalones, que me sentía desnuda con la falda. Pues bueno... me pasé toda la tarde con su señoría, llorando, no podía contener los sollozos. Y tuve que contarle la historia de mi vida".

La anciana le sonrió a Liz. Y Liz la miraba boquiabierta, sin percatarse de que las sombras del jardín se habían fundido con las de la noche.

—¡Me dejó quedarme! No lo podía creer. Pero me dejó quedarme, ¡y como jardinera! Ya no podía vivir con el viejo Sam Cumpsty, ahora

que era una chica, eso no era decente. Y no podía trabajar en el cementerio ni en los sembradíos. Claro que hubo un escándalo fenomenal, y Harrison trató de hacer de mi vida un tormento hasta el día de su muerte. Pero Sir William siempre tenía una palabra amable para mí, y también la señora Baxter, cuando se recuperó de la impresión.

—Pero ¿y Samuel Cumpsty? —preguntó Liz.

La anciana sacudió la cabeza con tristeza.

—Nunca me volvió a dirigir la palabra. Me rompió el corazón. Murió ese invierno del cáncer que tenía en el estómago. Había sido como un padre para Jack...Todavía me dan ganas de llorar cuando lo recuerdo... Lo enterraron en Carlton Beck, y siempre mantuve su lápida limpia y arreglada, con flores y todo.

—Iban a emplear a un nuevo jardinero, pero por una cosa u otra nunca contrataron a nadie. Luego vino la guerra del Káiser y el mundo entero cambió. Cuando todo eso terminó, yo estaba de regreso en la cabaña de Sam Cumpsty como Jefe de jardineros, y Sir William, que era ya un anciano en silla de ruedas, salía a menudo a platicar conmigo al jardín. Y cuando murió, dejó en su testamento que la cabaña era para Sally Bek, para que viviera en ella el resto de mis días. Así que aquí me he quedado.

—¿Qué piensas de mí ahora, chica?

—¿No extrañas ser Jack?

—¡Por el amor de Dios, no! —exclamó Sally Beck—. Sí, fui feliz entonces, pero era mucho más feliz siendo yo misma el resto de mis días. Pero déjame decirte que todavía tengo la chaqueta de

128

Jack, y sus pantalones de cuero y sus botas. Sentimentalismo, supongo.

La anciana extendió la mano.

—Ven, hija. Échame una mano, estoy entumida de estar tanto rato sentada.

Liz se levantó y la jaló de la banca. Estaba oscureciendo todavía más.

—Más vale que te apures —dijo Sally Beck—. Cierran la reja a las nueve.

—¡Caray! —exclamó Liz— ¡Se suponía que debía estar de regreso para la cena!

Recogió su cuaderno de dibujo.

—¡Gracias por contarme la historia! ¿Puedo venir otra vez mañana?

—Sí, si tienes ganas. Casi siempre estoy en el jardín o en mi cabaña. Buenas noches, muchacha.

—Buenas noches —gritó Liz y salió corriendo entre las sombras fantasmagóricas del jardín.

Papá estaba furioso.

—¡Tengo a la mitad del campamento buscándote!

Era una exageración.

—Lo siento. No me di cuenta de la hora.

—¿Pues dónde demonios estabas?

—Estaba en el jardín, hablando con la jardinera.

—¿Qué te dije sobre hablar con hombres extraños? ¡Parece que hablara con las paredes!

—Jardinera, papá. Era una mujer. Se llama Sally Beck. Lo siento, papá, de verdad.

Su papá suspiró.

—Por lo menos estás bien. Ahora entra en el remolque.

Poco después, Alan y su amigo, Mike, regresaron.

—Aquí está —dijo su padre—. Y ahora, vamos, a cenar. ¡Mi estómago se ha de imaginar que ya me cortaron la cabeza!

Muy pronto el olor de las hamburguesas y la cebolla friéndose llenó el remolque. Liz estaba junto a la ventana viendo cocinar a papá, pero estaba pensando en Jack Beck.

—¿Y qué, no vas a preguntar? —dijo papá.

—¿Preguntar qué?

—Si gané.

—Ah, sí. ¿Ganaste?

—No. Pero llegué en tercer lugar —papá sonrió, complacido, olvidándose de que supuestamente estaba enojado con ella.

—¡Felicidades! ¿Y te dan un premio?

—No, pero puedo participar en el evento de mañana, y tengo posibilidades de ganar. ¿Quieres cebollas con tu hamburguesa?

—Sí, gracias.

Papá le pasó un plato a Alan y otro a Mike. Estaban sentados bajo el toldo, compartiendo una lata de cerveza. Luego entró y se sentó frente a Liz.

—¿Has pensado algo más para la fiesta de disfraces, Lizzy?

Liz sacudió la cabeza. Se había olvidado por completo de la velada.

—¿Papá? —preguntó Liz mientras se servía otra taza de té—. Cuando te estaba contando de la jardinera, ¿por qué pensaste que era un hombre?

—No sé bien... Es lo que uno espera, supongo... —Papá recordó de nuevo que estaba enojado—. Ahora escúchame bien, Lizzie, cuando digo a la hora de cenar, ¡es a la hora de cenar!

—Sí papá.

Liz tuvo una pesadilla. Estaba en el jardín de las figuras, pero ahora todos los árboles y arbustos eran mujeres, como la estatua. Mujeres verdes, amarradas por sus raíces al suelo. Y un hombre de nariz afilada y guantes blancos caminaba entre ellas, cortándoles los brazos con unas tijeras enormes. Llegó hasta Liz, que de pronto se dio cuenta de que ella también era un arbusto recortado. *¡Snap! ¡Sssnap!* hacían las tijeras mientras se acercaba a ella.

Liz se despertó de un salto. Tenía la cara mojada de sudor, y la bolsa de dormir estaba enredada en un nudo alrededor de sus piernas. Podía oír a papá roncando suavemente en el otro extremo de la caravana. Y el toldo golpeaba al ondear en la brisa fría de la madrugada. Ése era el ruido que había oído en su sueño.

Acomodó la bolsa de dormir y se recostó otra vez, pero no podía volver a dormirse. El sueño era como una foto grabada en su mente.

Pronto sería de mañana. Cada vez estaba más claro el cielo. Papá se dio la vuelta y sus ronquidos se hicieron más tenues. Por fin sacó su cuaderno y sus lápices del extremo de la litera y trató de dibujar la imagen de su sueño. Al concentrarse en el dibujo su miedo se disipó. Era un dibujo raro: las mujeres-arbusto estaban trazadas toscamente, con largas sombras que se extendían a sus pies. Y por alguna razón, las

sombras conservaban los brazos, aun aquellas cuyos brazos habían sido podados.

En el centro de la hoja dibujó un hombre. Era delgado, vestido de negro, con unas enormes tijeras en la mano, casi tan grandes como él. Se suponía que eran tijeras de jardín, pero parecían tijeras normales, y eso hacía que el dibujo fuera más raro aún. Liz pensó que se parecía al Diablo, así que le pintó dos pequeños cuernitos en la cabeza, pero no le puso cola.

Al pie del dibujo escribió: *La jardinería de figuras es el arte del mismo Diablo*, que era lo que Sam Cumpsty le había dicho a Jack Beck.

Bostezando, empezó a colorear el cielo, y con la mejilla recargada en el cuaderno, volvió a quedarse dormida.

Liz corrió a través de la reja hacia las sombras del jardín de las figuras. Luego se detuvo, desconcertada. Se sentía extraña al estar rodeada por las figuras después de lo que había soñado. Era como dejar a una persona en una habitación para entrar a otra y encontrarla otra vez allí.

En la muñeca traía el reloj de papá.

—Te quiero de vuelta a las seis —le advirtió— o te perderás la parrillada.

Estaba todavía en su bolsa de dormir cuando él y Alan salían hacia el páramo para las actividades del último día. Se irían mañana temprano, pues papá tenía que estar en el taller para trabajar a las nueve.

Encontró a la anciana sentada en la banca cerca del cobertizo. A los pies tenía una enorme canasta de mimbre con un bulto envuelto en papel marrón, un montón de rábanos y una lechuga.

—Mira —dijo Sally Beck—, traje algo para mostrarte.

—Yo también te quiero enseñar algo —dijo Liz, y se sentó en la banca junto a ella.

Sally Beck sonrió.

—Tú primero, entonces.

—Soñé con el jardín anoche —dijo Liz mientras sacaba su cuaderno—. Una pesadilla. La dibujé.

La vieja se puso sus lentes.

—¡Se parece a ese demonio, Harrison! —exclamó—. ¡Debe haber sido una pesadilla horrible!

—Creo que se supone que es él.

—Ten. Espero que no me culpes por tus malos sueños.

—Claro que no —dijo Liz. Pero tenía la sensación de que en las próximas noches visitaría más de una vez el jardín.

—Menos mal. ¿Quieres un rábano?

—No, gracias. Acabo de comer.

Papá le había dejado un plato de sándwiches.

—Bueno. Ahora, echa una mirada en esa bolsa —dijo, y apuntó a la bolsa con su bastón.

Liz se sentó en el pasto y desamarró el cordel, pero ya había adivinado lo que era. Del paquete salía un fuerte olor a naftalina.

Dentro había un par de botas color café, una gorra de tela, una chaqueta verde y dos pedazos de cuero con hebillas.

—Bueno —dijo Sally Beck—, ésos son mis pantalones. Los tallé con un poco de manteca esta mañana, para darles brillo.

—¿Manteca?

—En realidad deberían tallarse con curtidor de grasa de puerco. Ten, pruébatelos. Primero las botas. Tal vez no te queden.

Insegura, Liz se quitó sus sandalias y se probó las botas. Estaban tiesas y endurecidas. El cuero se había partido en algunas partes, pero eran suficientemente grandes para sus pies. En los ojales había cordel nuevo. Se imaginó a Jack Beck tirado dentro de la tumba, mirando el rectángulo de cielo en penumbra, escuchando las voces y las risas. Sentía que se estaba poniendo las ropas de un muerto.

—Ahora, abróchate los pantalones en las piernas. ¡No, boba, al revés! Eso es. Ahora sujeta las correas.

Las hebillas estaban oxidadas y duras. Le lastimaban los dedos, finalmente pudo levantarse para ver sus piernas a la antigua.

—Se parecen a las botas de motociclista de mi papá —dijo.

Miró la chaqueta. Estaba desteñida, y el satín de la espalda tenía una mancha oscura.

No quería ponérsela. Tenía miedo de algo, pero no estaba segura de qué. De algo absurdo, como que la ropa la iba a transportar de repente al pasado, como en un cuento, a vivir una vida de fingir ser algo que no eras. Una vida en la que sólo podías sentirte libre si escondías lo que realmente eras con un trapo de algodón amarrado y una chaqueta.

Había algo absurdo y demoníaco en la historia de Sally Beck. No en lo que ella había hecho, que había sido un acto de gran valentía, sino en el hecho de que hubiera tenido que hacerlo.

Pero la anciana le sonreía, esperando a ver cómo le quedaba el atuendo.

Liz se puso la gorra.

—No, jálala hacia atrás. A ver, déjame a mí.

Con sus dedos nudosos la anciana jaloneó la gorra en la cabeza de Liz. Luego se la quitó.

—Súbete las trenzas.

Liz se sostuvo el pelo, y Sally Beck le colocó la gorra de nuevo, firmemente.

Liz sentía las orejas desnudas y el cuello descubierto. Se puso la chaqueta encima de su camiseta.

—Los botones son de cuerno —dijo la vieja mientras le abotonaba la chaqueta—.

La señora Baxter solía comprárselos a un merolico que andaba por allí...

Se quedó en silencio. Miró a Liz a través de las grietas secas de su rostro. Su propia gorra proyectaba una sombra que le caía sobre los ojos. Luego sacó un pañuelo limpio y blanco de su bolsillo. Liz se agachó y la anciana se lo amarró al cuello.

Las dos se quedaron en silencio.

Por fin Sally Beck habló, muy bajo:

—Yo era más flaca y no tan bonita como tú, muchacha.

El silencio continuó.

—Y tenía dos camisas, una para el trabajo, y otra para las ocasiones especiales. Las dos tenían botones de concha. Eran camisas que tenías que meterte por la cabeza... esos botones fueron lo más cerca que llegué a estar del mar...

En alguna parte del jardín cantaba un zorzal. Y un cuervo graznaba en la torre de Carlton Hall con un sonido que parecía decir *"¡Tjack, Jack!"* Un sonido como una risa negra.

Liz no necesitaba un espejo. Sabía lo que la anciana veía a través de sus ojos ensombrecidos.

Curioso, pensó Liz, mi apellido es *Jackson*. Jack's son, el hijo de Jack... ¿por qué no habrá *Jack's daughter,* la hija de Jack?

Sacudió la cabeza, como tratando de despertarse. Luego se quitó la gorra, y la chaqueta, las botas y los pantalones. Puso las cosas otra vez en el papel y lo amarró con el cordel.

La anciana la miraba. Su cara estaba tan seca y arrugada que Liz no podía leer su expresión, de la misma forma que es imposible adivinar lo que piensa el tronco de un árbol. Pero luego sonrió y asintió lentamente.

—¿Nunca regresaste a Holyroyd? —preguntó Liz.

—No —dijo Sally Beck—. Nunca. Nunca volví a ver a mis hermanos y hermanas, pero me imagino donde están ahora. Debajo de piedras grises, muchacha. Debajo de piedras grises.

—Noventa y uno... —dijo Liz, mirándola.

—Sí —dijo Sally Beck—, somos una raza longeva —y se rió por lo bajo—. Podemos ver cambiar el mundo, muchacha, de verdad que sí.

Las fogatas para la parrillada ya brillaban en el campamento cuando Liz regresó. Las flamas se veían pálidas y pequeñas comparadas con el brillante cielo de la tarde.

Papá y Alan estaban bajo el toldo del remolque, riéndose y escribiendo letreros que decían "el gordo" y "el flaco" para colgarse del cuello, puesto que no se podía distinguir cuál era cuál por la forma en que iban vestidos.

—Hola, Lizzie —dijo papá—. ¿Adivina quién llegó en segundo lugar?

—Él mero —dijo Alan, apuntando con el dedo hacia la oreja de su padre.

—¡Qué bien! —exclamó Liz.

—Bueno, ¿y tú de que, vas a ir? —preguntó papá mientras se metía una almohada debajo de la camisa para parecer más gordo.

—Oh... —Liz se había olvidado otra vez de la velada de disfraces.

Frunció el ceño y miró al campamento a su alrededor. Se oían gritos y risas de las otras caravanas. Un vaquero y un pirata caminaban junto a la fogata.

—¿Y bien? —preguntó papá.

Un cuervo voló sobre la pálida luna que salía del horizonte hacia la chimenea de Carlton Hall.

"¡Tjack, Jack!"

—Oh —respondió Liz—. Creo que iré de mí misma. ◆

Índice

El jardín de las figuras, de Janni Howker,
número 170 de la colección A la Orilla del Viento,
se terminó de imprimir y encuadernar en julio de 2017
en Impresora y Encuadernadora Progreso, S. A. de C. V. (IEPSA),
calzada San Lorenzo, 244; 09830 Ciudad de México.
El tiraje fue de 4000 ejemplares.